'몫'과 '권리'를 가진 사람,

우리는 청소년-
시민입니다

'몫'과 '권리'를 가진 사람,

우리는 청소년 시민입니다

박지현
배경내
이묘랑
이은선
최유경
지음

곰곰

시에서 살면
시민인가요?

'몫'과 '권리'를 가진 사람

양들이 사는 목장에 새 양치기가 왔습니다. 이전 양치기는 성질도 사납고 술주정뱅이여서 양들의 원망이 컸습니다. 늑대가 나타났을 때도 술에 취해 있어 양들을 지켜 주지 못했습니다. 그 바람에 빨리 달아나지 못한 어린 양이나 뜀박질이 느린 양, 하필이면 늑대가 나타난 곳에서 풀을 뜯고 있던 양이 희생되곤 했습니다.

새 양치기는 사뭇 달랐습니다. 성품이 온화하고 부지런해서 싱싱하고 새로운 풀을 뜯을 수 있는 먼 곳까지 양들을 데려가 주었습니다. 늑대가 얼씬도 못하게 주변 경계도 부지런히 서 주었지요. 밤마다 양들은 재잘재잘 새 양치기를 칭찬하기 바빴습니다.

"이번 주인님은 정말 좋으셔. 평생 안 바뀌면 좋겠다."

"기술도 얼마나 좋은지 털을 깎을 때 하나도 안 아파."

그러던 어느 날, 구석에 있던 양 한 마리가 말했습니다.

"그럼 뭐 해? 그렇다고 양치기가 우리 털을 깎아 내다 파는 일을 그만두지는 않잖아? 때가 되면 우리를 가져다 먹는다는 사실도 변하진 않아. 우리는 여전히 양치기의 뜻대로 처분되는 신세일 뿐이야."

이 우화를 읽으며 어떤 생각이 들었나요? 새 양치기가 양들을 잘 돌봐 준 덕분에 양들의 삶이 그전보다 조금 더 나아진 것은 분명합니다. 그렇지만 양치기가 주인이고 양들은 그 주인을 위해 살다 죽어야 한다는 점은 바뀌지 않았죠. 양들은 여전히 자신을 위해 일할 양치기를 결정할 수 없고, 양치기가 자기를 해치려고 할 때 쫓아낼 힘이 없습니다. 양들이 사는 목장을 우리가 사는 '사회'라고 생각해 봅시다. 과연 민주주의라고 부를 수 있을까요?

민주주의(民主主義)란 글자 그대로 시민이 주인이 되는 정치체제이자 그런 세상을 꿈꾸는 가치관을 말합니다. 시민이 어떤 권리를 누리는지, 정치가 시민을 위해 작동하는지 아니면 소수의 권력자를 위해 작동하는지가 그 사회가 민주주의인지 아닌지를 판단하는 기준이 됩니다. 그렇다면 시민이란 누구일까요? 표준국어대사전은 '시민'의 의미를 아래 두 가지로 설명하고 있습니다.

1. 시(市)에 사는 사람
2. 국가 사회의 일원으로서 그 나라 헌법에 의한 모든 권리와 의무를 가지는 자유민

첫 번째 정의에서 '시민'은 단지 장소와 관련된 개념일 뿐입니다. 같은 나라나 도시에서 살거나 주소지를 두고 있으면 그들을 통칭해 시민이라고 부릅니다. '○○시는 시민들의 편의를 증진하기 위해 교통정책을 개선하겠다는 계획을 발표했습니다'와 같은 문장에서 언급된 시민이 그런 예죠.

두 번째 시민의 정의는 사뭇 다릅니다. 여기에서 가장 중요한 낱말은 '권리'와 '자유민'입니다. 이때의 시민이란 한 사회의 성원으로 인정받는 존재이면서, 이 사회가 어떤 방향으로 나아갈지 정하는 의사결정에 참여할 권리와 자유를 지닌 존재를 가리킵니다. 정부나 국회가 제 역할을 잘하는지 감시하고, 무엇이 우리 사회에 필요한지 의견을 내고, 정부나 국회가 잘못한 것을 바로잡을 권리를 가진 사람이 바로 시민입니다.

이 책에서는 '몫과 권리'를 지닌 사람이라는 의미로 '시민'이란 말을 사용하고자 합니다. 그런데 청소년도 시민일까요? 청소년들에게 자신이 시민이라고 생각하는지 물어보았더니 아래와 같이 상반된 대답들이 나왔습니다.

"우리도 당연히 시민이죠. 우리도 이 나라의 일부니까."

"사회 구성원이면 누구나 시민 아닌가요?"

"뭘 결정할 수 있는 것도 없고 대접도 못 받는데, 우리를 시민이라고 부를 수 있나요?"

"시에서 산다고 시민이 아니라 권리가 있어야 시민인데, 청소년도 시민이다? 그건 모순이죠."

이 질문에 대한 답은 정해져 있지 않습니다. '너희는 예비 사회인이다', '청소년기는 사회로 나갈 준비를 하는 시기다' 같은 말을 많이 들어 보았을 겁니다. 청소년을 마치 '사회 바깥'에 있는 존재처럼 대하는 태도에 대항할 때 '청소년도 당연히 시민이다'라는 말을 하게 됩니다. 청소년을 시민에서 제외해 버리는 생각이나 태도는 분명 고쳐져야 하니까요.

그렇지만 청소년이 정말 시민으로 대접받고 있느냐 하면 그렇지 못한 것이 현실입니다. 청소년 중에도 사회·정치문제나 우리나라의 미래에 관심이 많고 '나도 시민'이라는 자부심과 책임감을 가진 사람은 분명 있을 겁니다. 2019년 한국청소년정책연구원이 실시한 〈한국 아동·청소년 인권실태〉 조사에 따르면, 초·중·고등학생 9,265명 중 "청소년도 사회문제나 정치문제에 관심을 갖고 의견을 제시하는 등 사회에 참여할 필요가 있다"라고 응답한 비율이 88.3%로 집계되었습니다. 청소년들의 시민의식과 높은 사회참여 의사를 짐작할 수 있는 통계입니다. 하지만이는 우리 사회가 청소년을 실제 어떤 존재로 대하고 있느냐와는 전혀 다른 문제입니다.

아래 질문을 읽어 보고 여러분에게도 비슷한 경험이 있는지, 이 러한 현실 진단에 동의하는지 체크해 보세요.

동의 여부를 체크해 주세요.	O	X
"어른들이 알아서 할 테니 너희는 몰라도 된다"라는 말을 들어 본 적 있다.		
"사회문제나 정치문제는 대학 가서 알아도 늦지 않다"라는 이야기를 들어 본 적 있다.		
분명 내 문제인데, 내 의견이 아니라 보호자나 교사 같은 어른들의 의견이 우선 고려된 적 있다.		
'우리 의견을 참고만 하지 말고 제발 반영을 해라'라는 생각이 든 적 있다.		
'중2병이라서 그래', '사춘기라서 그래', '요즘 애들은…'이라며 내 감정이나 의견을 무시당한 적 있다.		
어른들은 내 취향이나 문화를 자신들의 기준으로 가볍게 또는 하찮게 취급한다.		

청소년이라는 이유로 중요하거나 책임 있는 자리를 맡기지 않는다.		
주민센터, 도서관, 경찰서 등 공공기관에서 어리다고 곧장 반말을 듣거나 무시당한 적이 있다.		
정당한 이유 없이 청소년의 이용이나 참여가 금지된 곳을 본 적이 있다.		
주요 이슈에 대한 여론조사나 투표를 진행할 때 청소년은 포함되지 않는다.		
우리 지역의 교육감을 직접 만나 본 적이 없다.		
대통령, 국회의원, 시장, 교육감 등을 뽑는 선거에서 청소년을 위한 공약은 찾아보기 힘들다.		

청소년을 시민으로 바라보지 않는 태도나 제도의 대표적 예를 추려 보았습니다. 사회 구성원이라면 이 사회가 어떻게 굴러가는지, 사회 변화가 나에게 어떤 영향을 끼치는지를 당연히 알아야 할 텐데 청소년들은 무지나 열외를 강요당하는 경우가 많습니다.

'딴 데 신경 끄고 공부나 해', '가만히 있어'가 청소년들의 일상을 채우는 명령입니다. 청소년보다 비청소년*의 생각이 언제나 더 옳다고 가정한 채 비청소년이 청소년의 의사를 대리하도록 만든 관행이나 제도도 많습니다. 내가 아파서 병원에 갔는데도 의료진이 주로 보호자와 대화를 한다거나 학교 보충수업에 빠질 때 청소년이 아닌 보호자의 동의서를 제출해야 하는 일도 자주 일어나죠. 공무원이 시민을 함부로 대할 수 없는 사회이지만, 청소년에게 반말을 예사로 하는 공무원은 아직도 얼마나 많은가요.

각종 정책이 청소년의 삶을 들었다 놨다 하는데 정작 자기 지역의 교육감이나 국회의원의 이름조차 모르는 청소년도 많습니다. 정치참여는커녕 정치인을 만나 볼 기회조차 없을뿐더러 바로 그 정치가 청소년을 염두에 두지 않고 굴러가기 때문입니다. 도대체 왜들 이러는 걸까요?

2019년 통계청이 발표한 〈장래인구추계〉에 따르면 2020년 0~18세까지 인구는 819만 1000명으로 전체 인구의 15.8%를 차지합니다. 청소년도 이 사회의 구성원인 만큼 그 몫과 권리를 보장해야 마땅하겠죠. 특히 청소년의 삶에 영향을 미치는 사회·정

▶ 이 글에서는 18세까지를 청소년으로, 그 이상은 청소년이 아니라는 뜻으로 '비(非)청소년'으로 표현하고자 합니다. 흔히 청소년기를 지난 사람을 성인(成人)이라고 부르지만, 이렇게 쓰면 청소년이 미완성된 존재라는 의미에 동의하는 꼴이 됩니다. 어른이라 쓰지 않는 것도 마찬가지 이유입니다. 나이가 들었다고 해서 자기 일에 모두 책임질 수 있는 것은 아니며, 청소년들 가운데도 '어른'이 있기 때문입니다.

치문제에 대해 말하고 참여할 권리가 있어야 하지 않을까요? 안타깝게도 청소년은 지금 시민과 비(非)시민을 나누는 경계 위에 위태롭게 서 있습니다. 선거권만 하더라도 2019년 말에야 만 18세 청소년에게만 가까스로 보장되었습니다. 대다수 청소년은 여전히 자신의 의사를 대변할 대표자를 뽑을 권리조차 없는 것입니다.

청소년은 어떻게 시민이 되는가

청소년이 시민다운 시민으로 대접받는 사회를 만들려면 새로운 질문이 필요합니다. 바로 '청소년은 어떻게 시민이 되는가'라는 질문이죠. '예비 시민'인 청소년을 어떻게 시민으로 성장시켜야 하는지를 묻는 게 아닙니다. 청소년이 제대로 시민의식을 가질 수 있게 교육하자는 이야기도 아닙니다.

'청소년은 어떻게 시민이 되는가'라는 질문은 다음 두 가지를 묻는 것입니다. 청소년이 시민으로 인정받으려면 청소년의 일상, 정치, 학교가 어떻게 바뀌어야 하는가, 그리고 청소년 스스로 자신이 시민임을 자각하려면 어떤 만남이 필요한가.

다행히도 우리에겐 이 질문에 답해 줄 청소년들과 그 동료들이 있습니다. 법이나 사회가 청소년을 시민으로 인정하지 않더라도 스스로 시민이 되어 청소년에 대한 고정관념을 뒤흔든 사람들 말입니다. 시간이 흘러 일정한 나이가 되면 그저 형식적으로 시민에 편입되는 사회, 그 시간이 오기 전까지 청소년은 시민의 축에 끼지 못하는 사회가 결코 당연하지 않고 민주주의도 아니라고 믿어 온 사람들 말입니다. 우리는 이들의 경험과 통찰을 등불 삼아 청소년이 어떻게 시민이 되는지를 밝혀 줄 열한 가지 후속 질문에 대한 해답을 찾아 나서기로 했습니다.

차례

청소년 시민,
다른 삶을 상상하다

내 삶을 설명할
'언어'를
만난 적 있나요?

((새로운 언어를 통해 더 나은 삶을 상상하다))

초등학교를 졸업하고 중학교에 올라갔을 때 정말 낯선 것이 많았습니다. 교복을 입는 것부터 학칙, 시험, 경쟁 등의 압박이 확연히 다르게 와닿더라고요. 처음에는 '왜 이렇게 힘들게 지내야 하지?' 하는 의문을 가졌지만 점차 익숙해졌습니다. 내가 느낀 불편함의 정체를 설명하기도 어려웠고요. 주변의 친구들은 다들 잘 적응하는 것 같다며 스스로를 꿰맞춘 것인지도 모르겠습니다.

아마도 많은 청소년이 '이건 아닌데……' 하는 순간에도 여러 이유로 그 마음을 제대로 표현하지는 못했을 것 같습니다. 하고 싶은 말을 자꾸 삼키다 보니 내 삶의 요구나 필요를 살피지 못하게 되더라고요. 이렇게 혼자 끙끙 앓지 않고 학교, 가정, 지역사회에서 각자가 느끼는 감정을 설명할 수 있으려면 무엇이 필요할까요?

고등학교 다닐 때 "청소년은 인권이 없다. 성인이 되어야 권리가 생긴다"라고 말하는 친구가 있었습니다. 친구의 말처럼 학교에서 우리는 제대로 선택할 수 있는 것도 없고, 작은 실수 하나로 크게 혼나는 삶을 살았죠. '청소년에게는 정말 권리가 없는 것 아닐까?' 하는 생각도 들었어요. 청소년에게도 인권이 있다고 친구에게 말해 주고 싶었지만, 한국 사회의 현실을 돌아보니 어떤 근거로 그렇게 이야기할 수 있을지 잘 모르겠더라고요.

그러다 경기도에 사는 다른 친구를 통해 학생인권조례라는 것을 알게 되었어요. 학생인권을 보장하라고 계속해서 요구하고 반인권적 학칙에 맞서는 사람과 고치려고 노력해 온 시간이 있었기에, 친구가 사는 경기도를 비롯해 어떤 지역에서는 학생인권조례가 생겼다는 사실도 알게 되었습니다.

예를 들어 경기학생인권조례는 차별받지 않을 권리, 모든 물리적·언어적 폭력으로부터 자유로울 권리, 정규교과 이외의 교육 활동과 관련한 선택의 자유, 직·간접적 체벌 금지, 복장 및 두발 규제 금지, 학생 소지품 검사의 최소화, 양심·종교의 자유 및 표현의 자유, 자치 및 참여의 권리, 복지에 관한 권리, 징계 등 절차에서의 권리, 권리침해로부터 보호받을 권리, 소수 학생의 권리 보장, 인권 교육, 인권 실천계획, 학생인권옹호관 설치 등의 내용을 담고 있어요.

이 내용을 쭉 읽어 보면서 청소년이 스스로 권리가 없다고 믿을 때 결국에는 청소년의 권리를 빼앗기게 되는 것 아닐까 하는 생각이 들었습니다. 학생에게도 인권이 있고, 나 또한 존중받아 마땅하다고 믿으며 부당한 현실에 맞서는 순간 우리의 권리도 증명될 거라는 생각이 들었죠. '내가 사는 지역에도 학생인권조례가 생기면 좋겠다. 그럼 학생인 나에게도 권리가 있다는 그 말이 함부로 무시당하진 않을 텐데…….'

'학생인권'이라는 언어와의 만남은 그렇게 제가 처한 현실과는 다른 일상을 살아가는 청소년의 존재를 상상할 힘을 가져다 주었습니다.

청소년에게도 권리가 있다고 느끼는 감각은 학생회 활동을 하면서 더 깊은 고민으로 이어졌습니다. 처음에는 학생회에서 일하면 당연히 선도부 활동을 해야 한다고 생각했습니다. 학생회는 학생의 모범이 되어야 하고, 학생들을 지도하는 역할을 해야 한다고 믿어 왔던 거죠. 학생인권에 대한 고민도 했지만, 한 번도 학생인권의 관점에서 학생회의 모습을 상상해 본 적이 없어 뭐가 옳고 그른지 잘 몰랐습니다.

그렇지만 막상 선도부 활동에 임하게 되자 '왜 학생의 입장을 대변하는 학생회가 학생들이 가장 불편해하는 것을 강제하고 관리 감독하는 걸까?' 하는 의문이 생겼습니다. '학생회의 역할은 선생님의 지시에 잘 따르는 것이 아니라 학생들의 의견을 제대로 대변하는 거 아닌가?' 하는 의구심도 이어졌습니다.

학생회의 역할을 곰곰 생각하다 보니, 기존의 활동 대부분이 어색하게 느껴졌습니다. 급식 시간에 학생들 벽에 붙여 줄 세우기, 학교 행사에서 학생들을 지도해 단상을 향해 전체 인사시키기 등 왜 학생회가 선생님들은 하지 않는 걸 학생들은 하는 데 앞장서야 하나 싶더라고요.

이런 의구심은 점차 다른 생각들도 초대했습니다. 만약 학교라는 공간, 학생이라는 존재도 다르게 상상할 수 있다면 어떨까? 학교가 입시를 최우선으로 하는 공간이 아니라 학생들의 인권을 보장하는 공동체 역할을 한다면 어떨까? 지금과는 많이 다르지 않을까?

주어진 불편함에 익숙해지지 않고 더 나은 삶을 꿈꾸는 상상력이 필요하다는 생각이 들었어요. 새로운 언어와의 만남이 굳어진 생각의 틀을 깨 주었고 더 나은 삶을 그리는 발판이 되어주었습니다.

((**답답함을 해소하고 서로를 연결하는 언어들**))

일상에서 무언가 불편함이나 답답함을 느끼지만 그 마음을 제대로 표현할 말을 찾지 못해 어려울 때가 있습니다. 그런데 간질

간질하기만 했던 그 상황을 설명할 적절한 언어를 발견하고 많은 사람이 함께 쓰게 되면 그 자체가 부당한 현실을 바꾸는 강력한 힘이 될 수 있습니다. 예를 들어 볼까요?

아동학대 사건이 언론에 보도되면 많은 사람의 분노를 일으킵니다. 하지만 '아동학대'라는 단어가 널리 사용되기 전에는 가정에서 자녀에게 폭력을 가하는 것을 자녀 훈육이나 보호자의 특별한 양육 방식 정도로 여겼습니다. 개별 가정에서 알아서 할 일로 쉬쉬하던 일이 아동학대라는 새로운 언어가 생기면서 사회가 적극 개입해야 할 문제로 부각되었죠.

또 이 단어가 쓰이기 시작한 초반에는 주로 아동이 사망이나 큰 부상에 이르는 경우만 살폈다면, 최근에는 때리거나 끼니를 굶기는 등의 신체적 학대뿐 아니라 정서적 학대에도 주목하는 변화가 일어났습니다. 아동학대 범죄를 알게 되거나 의심스러운 상황을 발견한 의료인, 교사, 어린이·청소년 관련 기관 종사자는 아동보호전문기관 또는 수사기관에 신고할 의무가 있다는 법도 생겼고요.

이제는 가정에서 일어나는 보호자에 의한 학대만이 아니라 학교 교사에 의한 체벌도 아동학대로 간주해 법적 처벌의 대상이 됩니다. 2021년에는 친권자가 자녀인 어린이나 청소년에게 '징벌'을 가할 수 있도록 허용하는 법도 사라졌고요. 아동학대라는 단어를 사회가 공유하면서 어린이와 청소년을 대상으로 한 폭력에 더 민감해져야 한다는 인식이 퍼지고, 다양한 공간에서 대책을 꾸릴 발판도 마련된 것입니다.

또 다른 표현을 예로 들어 볼게요. 요즘 여러 매체에서 '가스라이팅(gaslighting)'이라는 말이 자주 등장하는데요. 〈가스등(Gas Light)〉이란 연극에서 유래한 용어입니다. 이 연극에는 아내를 통제하기 위해 교묘한 속임수로 정신적 학대를 일삼는 남편이 나옵니다. 가스라이팅은 심리 조작을 통해 상대가 스스로를 의심하도록 만듦으로써 그 사람에 대한 '나'의 지배력을 강력히 행사하는 것을 뜻합니다. 연애, 가족, 친구, 직장 등 어느 관계에서나 가스라이팅은 일어날 수 있어요.

우리는 주변 사람의 눈치를 보면서 판단하기를 주저하거나 불안해하는 사람이 있으면 그 개인의 성격이나 특성처럼 이야기하는 경우가 있습니다. 그런데 '가스라이팅'이라는 표현이 생기면서, 어떤 사람에게 교묘하게 가하는 폭력이 그 사람의 현재에 영향을 끼친 것은 아닌지, 자신은 물론 주변 사람들까지 되돌아보는 계기가 되었습니다.

특히 연인이나 가족, 교사와 학생처럼 친밀성을 바탕으로 하는 관계에서는 불쾌감을 느끼거나 폭력적인 상황에 맞닥뜨리더라도 '나를 생각해서 그러는 게 아닐까?' 하고 상대방의 입장을 먼저 고려하느라 내 감정을 미처 살피지 못할 수도 있습니다. '우리 사이에 이 정도 일로 얘기를 꺼내면 괜히 관계만 나빠지는 거 아니야?' 하는 마음에 애써 묻어 두고 지나치기도 하죠.

그런데 이때 그 상황을 진단할 언어가 있다면 어떨까요? '상대와 내가 동등하게 소통하며 관계 맺고 있는지, 이 관계 안에서 나는 안전하고 건강한지'에 대한 고민과 판단으로 이어질 수 있습니다. 이런 판단은 주변에 도움을 요청하거나 내가 누군가에게 도움을 주는 등 긍정적 변화를 일으키는 데도 큰 힘이 되죠.

그런가 하면 '데이트 폭력'이라는 단어의 등장으로 사적이고 친밀한 관계에서 발생하는 폭력에 대한 논의도 늘어났습니다. 연애 관계에서 신체적·정신적·성적 폭력의 피해를 겪는 이들에게 '데이트 폭력'이라는 언어는 자기 경험을 해석하는 데 도움을 줍니다. 그 일이 결코 가벼운 문제가 아니라 범죄라는 점을 시사하죠. 최근에는 연인의 폭력으로 사망에 이르는 사건의 경우, 데이트 폭력이라는 표현조차 그 심각성을 담아내고 가해자에 대한 합당한 처벌을 이끄는 데는 적절하지 않다는 의견이 제기되었습니다. '교제 살인'으로 바꿔 불러야 한다는 것이죠.

이렇게 어떤 상황에 사회적 이름이 부여되면, 단순히 개인이 알아서 해결해야 할 일에 그치지 않고 공동체가 해결 방안을 찾아 나가는 과정으로 이어질 수 있어요. 어떤 언어를 통해 함께 이야기하는 과정은 나의 말을 찾는 과정이기도 하지만, 같은 경험이나 생각을 가진 이들이 서로 연결되어 있음을 확인하는 과정이라는 점에서도 매우 중요합니다.

((더 풍부한 언어를 갖게 되는 과정))

삶에서 경험하는 불편함과 부당한 대우가 사회 문화와 구조에서 비롯된다는 발견은 더 많은 말을 획득하는 과정으로 이어집니다. 학생인권이라는 언어를 만나 고민을 이어 가다 보면 학생인권의 문제가 여러 다른 차별과도 연결된다는 사실을 깨닫게 되는 것처럼 말이죠.

예를 들어 두발 규제 문제는 주로 학생들의 개성을 실현할 권리를 침해한다는 측면에서 이야기됩니다. 하지만 '왜 여학생과 남학생에 대한 두발 규제의 내용이 다른 것일까?' 하는 질문을 던져 볼 필요도 있습니다. 남학생에 대해서는 앞머리, 옆머리, 뒷머리 길이를 정해 전체적으로 짧은 머리를 하도록 명시하는 경우가 많습니다. 남학생이 머리를 기르는 것을 문제 삼는 것입니다. 반면 여학생의 경우에는 일정 길이가 넘으면 묶어야 한다거나 일명 '똥 머리'를 해서는 안 된다고 규정해 놓고 있습니다.

이런 규정은 여학생은 '단정'해야 하고 '뒷목을 보여서는' 안 된다는 통제의 의미를 담고 있죠. '남성다움', '여성다움', '학생다움'이 의례적이며 자의적으로 반영된 규정입니다. 성별에 대한 고정관념을 부추긴다는 면에서 차별적이기도 하죠.

학교는 이른바 '정상적'으로 여겨지는 '전형적인 한국인'의 모습을 정해 두고 그에 들어맞는 두발 형태를 요구합니다. 인종, 장애, 질병, 신체 조건 등에 따라 머리카락의 형태나 외모가 다른 것은 당연한 일인데 말이죠. 학생인권이라는 말을 성차별, 인종차별, 장애차별과 같은 언어와 연결 지어 생각해 보면, 우리는 현실을 해석할 더 많은 언어를 가질 수 있습니다.

학생인권과 관련한 집회에 참여해 '청소년은 시민이다'라는 구호를 처음 봤던 날이 생각납니다. 머리가 멍하더라고요. 언제 어디서든 누군가의 자식 혹은 공부만 해야 하는 학생으로서 한정된 삶을 살아 온 저는 한 번도 상상해 보지 못한 말이었어요. 이 사회에서 '온전한 한 사람'으로 존재한 경험이 그동안 없었던 거죠. '내가 과연 시민으로 산 적이 있나? 다들 나를 시민으로 생각하나?' 하는 생각이 들었습니다. "나는 시민이 아닌 것 같다" 하고 이야기하자 주변에서는 "시에 살면 시민이지"라고 웃으며 대꾸하더라고요.

그러나 시민으로 산다고 말할 수 있으려면 그냥 지역에 발 딛

고 있는 것만으로는 부족하다고 느꼈습니다. 내가 속한 공동체에서 의견 하나 편하게 이야기하지 못하는 시민이 어디 있느냐는 의문도 들었고요. 삶의 주인으로, 스스로 삶의 방향을 설정할 수 있는 사람으로 살고 싶다는 생각도 했어요. 내가 시민으로 살 수 있다면 학생이라는 이유만으로 겪곤 하는 부당한 일상이 조금은 달라지지 않을까 기대했거든요. 청소년이 시민으로 살아간다면 먼저 학교, 집, 학원을 맴도는 일상부터 달라질 것 같았어요.

달라질 삶을 떠올리자 '내 시간의 주인이 될 권리', '눈치 보지 않고 꾸밀 권리', '자유로이 의사 표현을 할 권리', '나에 관한 문제에 대해서는 내가 말하고 답변을 들을 권리', '투표에 참여하고 정치에 대해 말할 권리' 등 구체적으로 어떤 권리를 온전하게 보장받아야 할지 생각해 보게 됐어요. '청소년도 시민이다'라는 구호를 통해 시민으로 존재하는 삶을 미리 경험해 본 거죠.

새롭게 만난 언어는 그동안 별로 중요하지 않게 느꼈던 사회와 나의 관계를 다르게 받아들이고 다시 해석하게 해 주었습니다. 그러자 비로소 청소년 참정권을 요구하는 이유도 생생하게 와닿았습니다. 더 나은 나의 삶과 변화를 상상하면서 나 자신을 부정하지 않고 조금 더 신뢰할 수 있게 되었습니다.

（（ 내가 작아지지 않기 위해 ））

청소년이 목소리를 낼 수 있는 공간이 많아졌다고 하지만, 여전히 많은 청소년의 경험 속에는 좌절, 배제, 실망, 무력감의 순간이 존재합니다. 지금 삶에서 겪는 어려움을 이야기하면 '나중에 고민해라', '성인만 되면 달라진다'라는 식의 말을 많이들 하잖아요. 정말 시간만 지나면 문제가 해결되는 걸까요? 기다리고 참으라는 말은 청소년을 '예비적 존재'로 바라보는 시선과 연결되어 있습니다. 이런 말이 쉽게 쓰이는 만큼 청소년의 목소리가 사회에 잘 반영되지 않고, 청소년과 관련된 여러 문제가 제대로 해결되지 않은 채 넘어가는 경우가 많습니다.

청소년이 겪는 무시나 부당한 대우 또한 사소하거나 개인적인 일로만 여겨집니다. 이런 경험이 반복되면 청소년들도 위축될 수밖에 없습니다. 정말 중요하게 생각했던 것들이 의미를 잃기도 하고, 그동안 겪은 차별과 폭력을 스스로 잘못해서 생긴 일이라고 단정하게 되기도 합니다. 왜 이런 문제가 오랫동안 묵인되어 왔는지 내가 사는 사회를 돌아볼 수 없게 되기도 하죠. 자꾸만 나를 작아지게 만드는 경험은 반복되는 하루하루에 파묻히지 않고 다른 내일을 만들고자 질문하는 감각을 무뎌지게 합니다.

　그러나 자기 경험을 설명할 수 있는 말들을 만나면 '나만의 문제', '내가 예민해서 그런 일'이라는 굴레에서 벗어날 수 있습니다. 부당한 경험이 누군가가 운이 없어 겪는 일이 아니라는 것, 사회구조에서 비롯된다는 사실을 깨달을 때 더 다양한 말과 마주하며 더 나은 세상을 향한 발걸음을 내딛을 수 있습니다.

윈가

말하고 싶은데

자꾸만

주저하게 되나요?

'잘' 말하라 압박하고, 말해도 듣지 않고

중학교에 다닐 때 학교폭력은 나쁘다면서도 급식 지도 과정에서 주먹으로 머리를 때리는 교사가 있었습니다. 화장을 하거나 교복을 줄여 입었다는 이유로 저도 머리를 맞곤 했어요. '내가 이렇게까지 해서 밥을 먹으러 가야 하나?' 하는 마음과 함께 '말로는 학교폭력이 나쁘다며 왜 맨날 때리는 걸까?' 하는 의심이 생겼습니다. '내가 뭘 그렇게 잘못했지?', '학생이면 맞아도 되는 건가?', '폭력은 누가 하든 나쁜 거 아닌가?' 하는 생각도 들었지만, 입 밖으로는 꺼내지 못하고 마음속 깊이 넣어 두기만 했습니다.

많은 청소년이 학교, 일터, 가정 등 다양한 공간에서 비슷한 느낌을 받을 거예요. 분명 옳지 않은 상황인데 괜히 말을 얹었다가 혼날까 봐 참고 넘어가는 순간이 많지 않은가요? 청소년은 일상에서 단순히 의견을 밝히는 것조차 가로막히는 경험을 자주 하게 되죠.

말하기를 꺼리고 눈치를 보게 되는 데는 이유가 있습니다. 어떤 상황이나 사건의 맥락을 잘 몰라 생각이 정리되지 않은 경우도 있고, 비청소년 그러니까 '어른'의 기대에 맞게 행동해야 한다는 압박도 있을 것입니다. 무엇보다도, 말을 해도 안 들어 주는 일이 잦다 보니 알아도 모른 척하고 모르면 더 조용히 있게 됩니다. 뭔가 이상하다는 생각이 들어 비청소년들에게 이야기를 꺼냈을 때 '어디서 따박따박 말대꾸냐', '그런 건 어른들이 알아서 한다', '넌 몰라도 돼. 그냥 공부나 해', '이만큼 들어 준 것만으로도 감사한 줄 알아라' 하는 식의 반응을 접하다 보면 말하기를 망설일 수밖에 없겠죠.

나이 차별적 태도는 청소년은 미성숙하다는 편견과 결합해 더욱 강화됩니다. 청소년의 권리를 제한하는 이 미성숙의 논리는 청소년들이 스스로 목소리를 내지 못하고 주저하게 만듭니다. 일상에서는 물론이고 공적인 자리에서도 마찬가지입니다.

지금까지 청소년은 정책이나 법처럼 사회의 주요 현안을 다루는 자리에 초대받는 일이 적었습니다. 최근 사회적 문제를 다루는 토론회나 공청회에서 청소년도 종종 발언권을 행사할 기회가 생겼으나 아직은 '제대로 말할' 환경이 갖추어졌다고 보기 어렵습니다.

2020년 국정감사를 한 예로 들 수 있습니다. 매년 국회에서는 교육청 등 정부 기관이 제 역할을 잘하는지 공개적으로 감시하고 잘못된 정책은 변경을 요구하기 위해 국정감사를 진행합니다. 이 자리에 다양한 관련자를 참고인으로 청해 정책의 개선 방향을 찾곤 하는데요. 청소년이 참고인으로서 국회에 입장한 경우는 거의 없었을뿐더러 초대받는다 해도 교육정책에 한정되었습니다. 그런데 2020년 국정감사에서는 청소년의 이름이 참고인 명단에 올랐습니다.

국회 산업통상자원중소벤처기업위원회에 속한 한 국회의원이 기후위기와 기업의 책임을 다루는 자리에 '청소년기후행동'의 활동가 윤현정을 참고인으로 부르고자 했습니다. 청소년기후행동은 기후위기의 당사자인 청소년과 청년이 기후문제 해결을 위해 활동하는 단체입니다. 하지만 윤현정 활동가는 국정감사 자리에 참석하지 못했습니다. '너무 어리다'는 이유로 국회의원 여럿이 반대했기 때문입니다. 이에 대한 비판이 거세자 이듬해에야 가까스로 참여할 수 있었죠. 윤현정은 지금까지 국정감사 현장에 참석한 유일한 청소년입니다.[1]

공적인 자리에 청소년이 초대받을 정도가 되었으니 이제 사회가 청소년의 목소리에 귀를 기울이게 되었다고 할 수 있을까요? 2021년 국정감사에서 윤현정 활동가는 '기후위기를 지금 당장의 위기로 인식하고 있는가?', '현재의 기후위기 상황이 우리가 감당하며 살 수 있는 수준이라고 생각하는가?' 등을 질문했습니다. 하지만 돌아온 건 경청하지 않는 무례한 태도였다고 합니다. 공식 석상에서 참고인 자격으로 발언했지만 국회의원들은 진지하게 이야기를 듣지 않았고 심지어 피식피식 웃기까지 했습니다.

이후 윤현정은 언론 인터뷰에서 "기후 영역에서도 청소년을 미숙하며 주체로서의 권리는 없고 (보여 주기식) 그림으로 쓰기에 좋은 대상으로 여긴다. 청소년이 성인들의 통제 영역에 있거나 심기를 건드리지 않으면 기특한 청소년이 되고, 그렇지 못하면 되바라진 애들이라고 말하기도 한다. 청소년들은 이런 대상화를 거부하고 우리 스스로의 삶과 권리를 이야기할 수 있는, 주체로서 존재할 곳이 필요하다"[2]라고 밝히기도 했습니다.

청소년이 말할 때 정작 말하는 내용에는 주목하지 않는 경우도 흔합니다. 2021년 6월 교육부에서 진행한 〈학생의 학교운영 참여 확대 방안 토론회〉에서 학생회 활동을 하는 고등학생이 패널로 참여해 토론하는 과정에서 생긴 일입니다. 그는 학생회 활동을 하면서 가진 생각과 고민, 학생이 학교운영에 참여하기 위해 필요한 것 등에 대해 이야기했습니다.

이야기가 끝나자 사회자는 "똘망똘망 말을 잘한다"라면서 박수를 유도하는 멘트만 던졌습니다. 사회자는 토론의 내용이 잘 전달될 수 있게 하는 진행의 역할을 맡았지만, 청소년 패널이 제시한 현황과 변화를 위한 과제에 대해서는 언급하지 않았죠. 반당신이 발화자라면, 다음과 같은 상황에서 어떤 말을 이어 갈지 적어 봅시다.

면 이 토론회의 다른 패널인 인천시 교육감과 교사가 발언을 끝내자 그 내용을 요약해 전달했습니다.

만약 이 상황에서 사회자가 "우리 교육감, 교사가 참 똘망똘망 말을 잘한다"라고 말했다면 어땠을까요? 아마도 사회자가 너무 무례하다는 평가를 받았을 것입니다. 단순한 평가를 넘어 행사가 파행으로 치달을 만큼 큰 문제가 되었을 수도 있습니다. 말 그대로 물의를 일으키는 발언인 거죠. 공적인 자리에 청소년을 패널로 초대했지만, 주최 측은 막상 청소년의 이야기를 들을 준비는 되어 있지 않았음을 여실히 보여 주는 장면입니다.

어떤 사안에 대해 청소년의 의견을 듣는 자리를 마련한다면 청소년의 말하기를 '재롱떠는 것'으로 보고 있지는 않은지, 청소년을 동등한 대화의 상대로 마주하고 있는지 돌아보아야 합니다. 청소년을 사회 구성원으로서 존중하며 진지하게 의견을 경청해야 하고요. 자리의 크고 작음을 떠나 이 '기본적인' 전제가 지켜질 때 비로소 대화와 소통이 가능하지 않을까요?

((예의는 특정한 누구에게만 요구되는 것?))

나이가 어린 사람들에게는 예의를 지킬 것을 과하게 요구하는 반면, 청소년에 대한 예의는 왜 같은 무게로 지키지 않는 걸까요? 청소년 인권 단체에서 활동하면서 일하는 청소년들을 만나 보면 하나같이 '사장과 손님이 막 대한다', '무시한다' 등의 이야기를 합니다. 욕설을 들을 정도의 폭력적인 상황에서 공포를 견디며 일하는 청소년도 있습니다. '알바'를 해 본 청소년이라면 아마도 임금 미지급, 반말과 폭행, 협박 등을 겪어 본 사람이 많을 것입니다.

이렇게 청소년을 아랫사람으로 바라보고 일터에서 발생하는 폭력을, 일을 배우는 과정으로 포장하는 사람이 많습니다. 하지만 이런 태도가 널리 퍼진 사회에서 말하는 '예의'란 그저 나이나 신분에 따른 상하관계를 전제한 뒤 아랫사람이 윗사람에게 지켜야 하는 것으로 강제하는 부당한 '의무'일 뿐입니다. 한쪽에만 일방적으로 예의를 강조하는 나이 차별적 문화가 지배하는 곳에서 청소년이 안전하게 자기 의견을 말하고 부당한 대우를 멈추라고 요구하기는 어렵겠죠.

예의를 일방적으로만 강요하는 관계가 불평등함을 드러내는 또 다른 예를 들어 볼게요. 예전에 가정에선 아내는 남편에게 존댓말을 하지만 남편은 아내에게 하대하는 모습을 쉽게 목격할 수 있었습니다. 할머니와 할아버지의 대화 속에서 아직도 이런 말투를 접하는 청소년도 있을 듯합니다. 남편과 아내의 관계가 불평등하다 보니, 남편 측과 아내 측 가족에게 붙인 호칭 역시 그러했습니다. 남편의 동생을 지칭하는 '도련님'이나 '아가씨'는 계급사회에서 사용되던 높임말이지만 아내의 동생을 가리키는 '처제'나 '처남'은 그렇지 않죠. '시댁'은 시집을 높여 이르는 말이지만 '처가'에는 높임의 의미가 포함되어 있지 않습니다.

세상이 많이 바뀌었다지만 여전히 '예의'를 내세워 이렇게 위계가 반영된 표현이 쓰입니다. 그러나 남존여비의 인식이 옅어지고 성평등을 강조하는 목소리와 함께 실질적 변화도 접하게 됩니다. 예컨대 이전에는 외국영화를 번역할 때도 여성만 존댓말을 쓰도록 옮기는 경우가 많았지만, 이에 대한 문제 제기가 이어지면서 지금은 그런 식의 번역은 사라지는 추세죠.

어느 한쪽은 예의를 지키지 않아도 그럴 수 있는 일로 '자연스럽게' 여겨지는데 다른 한쪽이 그럴 경우 큰일이라도 난 것처럼 비난받는다면, 그 관계는 기울어진 저울처럼 불균형한 상태겠죠. 서로 이야기를 잘 듣고 제대로 말하려면, 또 메시지가 같은 크기로 전달되려면 예의를 갖추는 태도가 양쪽 모두에게 전제되어야 합니다. 상호 예의를 갖추는 일과 평등한 관계는 함께 나아갑니다. 평등하다고 느껴지지 않는 관계에서 자신의 의견을 말하기는 어려우니까요. 청소년을 동등하게 보지 않고 '미성숙한 존재', '가르쳐야 할 대상', '아랫사람'으로 대한다면 청소년이 안전하게 자기 의사를 표현할 수 있는 일상은 보장되지 않습니다.

자유롭게 '말대꾸'할 수 있으려면

말에 대답을 하면 말대꾸한다고 혼나고, 대답 안 하면 듣고 있냐고 혼나 본 적이 있을 겁니다. 원하는 모습대로만, 바라는 답대로만 말하기를 강요하는 대화에서는 말하고 싶은 마음이 사라집니다. 억울하고 부당한 순간에도, 무엇이 문제인지는 알지만 맞서지 못하기도 하고요. '말해도 크게 달라질 것 같지 않아서', '보복이 두려워서', '감당하기 쉽지 않을 것 같아서' 등의 이유가 있을 거예요. 주저하지 않고 말하기 위해서는 청소년이 느끼는 문제에 공감하고 함께 맞설 수 있는 '곁'이 필요합니다.

고교 시절 저는 지방자치단체에서 운영하는 청소년참여위원회에서 활동한 적이 있습니다. 청소년의 삶에 필요한 정책이 무엇인지 회의하고 시의원에게 전달하는 일이 활동의 중심이었어요. 처음 시의원을 만났을 때는 하고 싶은 말이 많았지만 잘 전달하지 못했습니다. '말을 조리 있게 하지 못하면 비웃지 않을까?' 하는 걱정이 앞서 제 생각을 확신하기도, 표현하기도 쉽지 않았어요.

이후 좀 더 활동을 이어 나가며 청소년 인권을 이야기하는 단체들을 알게 되었고 '내가 생각하는 게 틀리지 않았구나', '청소년 인권에 대해 고민하는 사람들이 있구나' 하는 신뢰와 자신감도 얻을 수 있었어요. 함께 생각을 나눌 수 있는 동료들을 만나자 망설이지 않고 이야기하는 일이 잦아졌습니다.

활동이 끝나 갈 무렵 시의원을 다시 만났을 때는 말을 잘해야 한다는 압박보다는, 필요한 이야기를 잘 전달하는 과정 자체가 의미 있는 것임을 알게 되었습니다. 저처럼 더 많은 청소년이 안전한 관계를 확장해 나가며 조금 더 편안하게 이야기를 나누는 경험이 많아졌으면 해요.

한편에서는 청소년에게 말하기를 강요하며 말하지 않는 청소년을 탓하기도 합니다. '그게 문제인지도 모르냐', '청소년이 스스로 자기 삶의 문제를 바꿔야지 왜 참고 있냐' 하는 식의 반응을 접하기도 합니다. 하지만 이런 반응은 청소년의 삶을 실질적으로 개선하는 데 도움이 되지 않습니다. 애초 사회 구성원으로서 청소년의 목소리가 잘 반영되지 않는 악순환을 보지 않는 말이니까요.

또한 차별적 구조에 갇혀 문제를 겪는 당사자들을 지원하지는 않으면서 '알아서 해결해'라고 하는 것은 그 문제를 겪지 않기에 가볍게 할 수 있는 말이죠. 이런 압박 속에서 청소년은 피해를 겪고도 스스로를 탓하며 자책감에 휩싸이기 쉽습니다.

일방적으로 차별받고 하대당하는 관계에선 민주주의가 실현되기 어렵습니다. 청소년이 장벽을 느끼지 않고 자기 의견을 솔직하게 말하고 당당하게 주장을 펴려면 사회가 청소년을 평등한 존재로 받아들여야 합니다. 청소년의 이야기를 들을 역량이 부족한 사회가 먼저 반성하고 달라져야 자유롭게 '말대꾸'하는 청소년의 삶이 가능하지 않을까요?

((사회는 청소년의 목소리를 들을 의무가 있다!))

과도한 입시 경쟁으로 인한 자살, 스쿨 미투(#School Me Too) 고발, 위험한 일에 내몰리고 있는 현장실습생과 청소년 노동자, 늘어나는 노키즈존, 근절되지 못한 가정과 학교에서의 체벌 등 반복되는 사건에서 최소한의 권리조차 보장받지 못하는 청소년의 현실을 확인할 수 있습니다.

한국 정부가 유엔에 가입하며 어린이·청소년의 권리 보장을 위해 국제인권규범으로 마련된 유엔아동권리협약을 지키겠다고 약속한 지 30년이 넘었습니다. 유엔아동권리협약은 제3조 1항에서 "아동에 관한 모든 활동 및 아동에게 영향을 미치는 사안을 결정할 시 아동의 이익을 최우선으로 고려해야" 한다는 아동 이익 최우선의 원칙을 강조하고 있죠. 우리 사회에서 이 원칙은 제대로 실현되고 있을까요? 예전에 비하면 세상이 많이 달라지지 않았느냐는 말도 하지만, 청소년에게 차별적인 한국의 상황은 세계적으로도 비판받는 사안 중 하나입니다.

유엔아동권리협약에 가입한 국가는 5년마다 협약의 내용을 잘 지키고 있는지 평가를 받아야 합니다. 2019년 한국 정부가 낸 보고서를 심의하고, 한국에서 유엔까지 찾아온 청소년들의 이야기를 직접 들은 유엔아동권리위원회에서는 이런 지적이 나왔습니다. "한국은 어린이와 청소년을 혐오하는 국가라는 인상을 받았습니다. 국가, 교사, 미디어 등으로부터 고통받는 어린이와 청소년이 있는데 왜 아무도 어린이와 청소년의 편에 있지 않습니까?"

어린이와 청소년이 겪는 고통을 심각한 문제로 인식하지 않는 우리 사회의 현실을 콕 집어 말한 것입니다.

이제는 청소년이 정당한 몫을 보장받고, 안전하게 참여할 수 있는 공간이 많아져야 합니다. 평범한 일상에서 청소년을 어떤 존재로 바라보느냐 하는 인식부터 법과 제도까지, 청소년의 발언에 더 귀 기울이며 불편과 부당함을 바꾸자는 요구를 반영하고 개선할 방법을 찾아야 합니다. 그때 비로소 청소년이 사회의 일원으로서 '온전하게' 함께할 수 있습니다. 민주주의 공동체를 구성하고 운영하는 사회와 정부라면 청소년의 목소리를 잘 들어야 할 의무가 있습니다.

광장은
광화문에만
있나요?

광장은 역사를 품고 있다

해외여행을 떠난 사람들이 즐겨 찾는 장소 가운데 하나가 광장입니다. 광장에 가면 시청이나 대성당 같은 유서 깊은 건물을 만나기도 하고, 그 나라의 주요 역사나 문화도 읽을 수 있으며, 때로는 광장 전망대에 올라 도시 경관을 한눈에 살펴볼 수도 있으니까요.

한국을 찾은 외국인들이 즐겨 찾는 광화문광장만 하더라도 서울의 중심인 세종로에 위치하면서 청와대와 경복궁, 서울시청, 각국 대사관, 언론사를 곁에 두고 있어요. 광장 한가운데에 세워진 세종대왕과 이순신 장군 동상은 한국인들이 일반적으로 존경하는 역사적 인물이 누구인지를 말해 줍니다. 많은 사람이 오가는 장소이다 보니 다양한 문화나 상업 행사도 자주 열리고, 정부나 서울시에 할 말이 많은 사람들이 모여 변화를 촉구하는 집회도 자주 엽니다. 한마디로 광장은 정치, 행정, 언론, 문화, 상업, 시민 참여가 다채롭게 펼쳐지는 핵심 공간인 셈이죠.

광장의 역사는 때로 민주주의의 역사이기도 합니다. 광장은 여러 역사적 현장을 목격해 왔습니다. 고대 그리스의 도시국가 폴리스에서도 '아고라(Agora)'라 이름 붙인 광장에서 시민들이 모여 정치를 논하고 시민 법정을 열기도 했어요. 미국의 수도 워싱턴DC에 있는 링컨기념관 앞 광장은 흑인인권운동을 이끈 마틴 루서 킹 목사가 〈나에게는 꿈이 있습니다〉라는 유명한 연설을 한 곳이기도 한데요. 1963년 8월 28일, 인종 분리 정책을 폐지하고 투표, 직업, 교육 등 삶의 모든 영역에서 흑인과 백인의 평등을 요구한 워싱턴대행진에는 미국 역사상 최대 규모인 25만여 명의 시민이 참여했다고 알려져 있습니다. 이 행진의 끝에서 마틴 루서 킹은 '노예의 후손과 그들의 주인의 후손들이 우정을 나누며 한 식탁에서 자리를 함께하는 꿈'을 노래했습니다.

한국 민주주의 역사를 말할 때도 광장은 빼놓을 수 없는 장소입니다. 서울시청 앞 서울광장은 1987년 6월 민주항쟁에서 시민들이 독재 타도를 외친 장소였고, 광화문광장은 2016년 말 대통령 박근혜의 탄핵을 요구하는 시민들이 모여 민주주의를 외친 장소였죠.

영화 〈브이 포 벤데타〉에 나온 대사처럼 "국민이 정부를 두려워하는 것이 아니라 정부가 국민을 두려워해야 한다"라는 것을 알리기 위해 시민들은 광장에 모입니다. 우리가 살고 싶은 사회는 어떤 곳이고 정치는 어떻게 바뀌어야 하는지를 요구하는 곳,

모여든 사람들의 숫자나 모여서 외친 함성의 크기만큼이나 강력한 시민의 힘을 보여 주는 곳이 바로 광장입니다.

광장에서 우리는 연설이나 노래, 피켓 등 저마다의 방식으로 의견을 말하는 사람들을 만나며 생각을 키우고 새로운 영감을 얻습니다. 무엇보다 '변화를 꿈꾸는 사람이 나 혼자가 아님'을 함께 모인 사람들을 통해 확인함으로써 힘을 얻는 곳이 바로 광장이죠.

((청소년이 광장의 중심에 선 역사))

광장은 어른 또는 비청소년의 것만은 아닙니다. 청소년도 광장의 중심에서 자신의 목소리를 내 온 역사가 있습니다. 2008년 이명박 정부가 광우병 위험이 있는 미국산 소고기를 수입하기로 결정했을 때, 이를 막기 위해 가장 먼저 광장으로 나온 이들이 바로 청소년입니다. 당시 위험한 미국산 소고기는 학교급식의 재료는 물론 화장품과 같은 일상용품 곳곳에 쓰일 것으로 짐작되었습니다. 그해 4월 말 MBC의 시사 프로그램 〈PD수첩〉이 광우병 위험 문제를 보도한 뒤, 서울 청계광장에는 촛불을 든 학생들과 네티즌들이 하나둘 모여들었습니다. '이대로 있어서는 안 된다. 살려면 모이자!' 인터넷 카페를 중심으로 이야기를 주고받던 시민들은 5월 2일에 대규모의 첫 번째 촛불집회를 열었고, 이튿날에는 더 많은 수의 사람이 모였습니다. 5월 3일 집회 참석자의 80% 정도가 청소년, 특히 여성 중학생과 여성 고등학생이었던 것으로 보도되기도 했습니다.[3]

같은 해 여름까지 촛불집회가 이어지면서 정부의 수입 기준이 강화되고 안전한 소고기가 수입될 수 있도록 대책을 세우게끔 하는 결과를 이끌어 냈습니다. 이 촛불 광장에서 청소년들은 '나쁜 소고기'를 먹게 된 정치적 사연을 캐물었을 뿐 아니라 '나쁜 교육'에 대한 성토도 이어 갔는데요. 당시 정부가 0교시 수업과 전국 단위 일제고사 부활, 영어 몰입 교육 등 입시 경쟁을 강화하면서 학습 부담이 늘어난 탓에 청소년들의 분노가 커졌던 것입니다. 포털사이트 'DAUM'이 운영한 토론과 청원 커뮤니티에서는 한 고등학생이 이명박 대통령 탄핵 서명운동을 벌이기도 했습니다.[4] 광우병 위험 소고기 수입 문제까지 겹치면서 100만 명 넘는 시민들이 이 탄핵 서명에 참여했습니다.[5] 이 인터넷 커뮤니티의 이름이 다름 아닌 '아고라'였다는 것도 흥미롭죠.

2014년 무려 304명의 목숨을 앗아간 세월호 침몰 사건의 진상 규명을 요구하는 촛불집회에서도 청소년의 참여가 두드러졌습니다. 광화문광장을 비롯해 전국 각지에서 열린 촛불집회에서 시민들은 물었습니다. '왜 세월호는 침몰했고, 승객들은 구조되지 못했는가?' 피해자의 다수는 제주도로 수학여행을 가고 있던 경기도 안산의 단원고 학생들이었습니다. 속수무책 바다 밑으로 가라앉은 세월호와 무책임한 정부의 모습을 지켜보아야 했던 청소년들은 큰 충격과 분노에 사로잡혔습니다. '저게 나라냐!', '나도 저렇게 국가에 의해 버림받을 수 있겠구나!' 집회에 참석한 청소년들의 성토가 이어졌습니다.

특히 당장 배 밖으로 탈출해야 했던 긴박한 시점에서 선내 방송은 단원고 학생들을 가리키며 '가만히 있으라'라고 지시한 사실에 대한 분노가 컸습니다. 많은 승객을 죽게 만든 '가만히 있으라!'는 이 사회가 청소년들에게 즐겨 사용해 온 명령이기도 했으니까요. 이 명령의 부당함은 반대로 '가만히 있어서는 안 되겠다'라는 생각을 하게 만들었습니다.

당시 많은 청소년이 정치나 사회에 관심을 갖게 된 계기로 세월호 사건을 꼽았고, 진상규명을 요구하는 집회에 참여하거나 희생자를 추모하는 행사를 직접 열기도 했어요. 세월호 참사의 진실은 여전히 미완성이지만, 시민들의 요구로 진상규명을 위한 법률('4.16세월호참사 진상규명 및 안전사회 건설 등을 위한 특별법'과 사회적참사 특별법)도 제정되고 특별조사위원회도 설치되었죠. 시민의 안전권을 보장해야 할 국가의 책임을 구체화하는 법률을 제정해야 한다는 목소리도 더 커졌습니다.

마침내 2017년 3월 10일에는 한국 역사상 최초로 현직 대통령이 탄핵되는 일이 일어났습니다. 대기업으로부터 뇌물을 받고, 최순실을 비롯해 공식 직책도 없는 측근들이 국가정책을 좌지우지해 왔으며, 그 최순실의 딸이 대학교에 부정 입학한 사실이 알려지면서 큰 충격을 안기자, 2016년 말부터 대통령 탄핵을 요구하는 시민들의 촛불집회가 전국 곳곳에서 열렸습니다. 세월호가 침몰한 날, 대통령이 무엇을 하고 있었는지 행적조차 알 수 없는 시간이 무려 7시간이 넘는다는 사실도 알려졌죠. 분노한 시민들의 힘이 국회를 움직였고 결국 헌법재판소까지 이르러, 2017년 3월 박근혜를 대통령의 자리에서 끌어내 감옥으로 보낸 것입니다.

이 탄핵 촛불집회에서도 청소년들의 폭발적 참여가 이어졌습니다. 박근혜의 모교 성심여고의 학생들은 "선배님, 성심의 교훈을 잊으셨습니까", "금수저들이 지배하는 사회가 되었다"라는 내용의 대자보를 교내에 게시했고, 촛불집회 무대에 올라 발언하기도 했습니다. 2016년 11월 3일 학생의 날을 맞아 유관순 열사의 모교 이화여고의 학생 두 명은 〈이화인의 오늘을 묻습니다. 오늘, 당신은 시민인가요?〉라는 제목의 대자보를 학교 창문에 붙이기도 했는데요.[6] '입시라는 감옥에 갇혀 지내야 하는 신분이지만 우리가 시민임을 잊지 말자'라는 호소가 많은 이의 마음을 움직였습니다. 이날, 학교 곳곳에는 학생들이 직접 대통령의 책임을 묻는 크고 작은 게시물들을 만들어 붙이기도 했다고 합니다. 시내 광장만이 아니라 학교도 광장이 될 수 있음을 보여주었죠.

"이화인 여러분, 입시란 큰 과제 앞에 선 우리에게 이러한 비선실세니, 권력형 비리니 하는 것들은 다른 세계의 일인 것 같기도 합니다. 어쩌면 다른 세계의 일일지도 모르겠습니다. 입시라는 큰 벽이 우리의 모든 자유를 옭아매기 때문입니다. 그러나 여러분, 잊으시면 안 되는 것이 있습니다. 바로 '우리는 시민'이라는 사실입니다.

이화에 오면, 우리는 유관순 열사를 포함한 이화의 여러 독립투사의 생애를 배웁니다. 그것은 우리 학교의 전통이나 그로 인한 자부심 때문만은 아닐 것입니다. 그것은 지나온 역사를 기억하고, 분노하고, 행동하는 우리의 시민의식을 만드는 과정입니다. …… 우리는 그저 입시라는 거대한 방안에 갇혀 12년, 아니 19년을 나라가 원하는 대로 자라 왔을 뿐입니다. 그러나, 갇혀 있다고 해서 권리가 사라지지는 않습니다.

오늘은 학생의 날입니다. 미숙하다는 핑계로 배제되는 청소년들이지만, 우리 스스로는 그것이 그르다는 것을 알아야 합니다."

— 2016년 11월 3일, 이화여고에 붙은 학생 대자보에서

((광장에서 함께한 경험이 만들어 낸 변화))

지난 10여 년간 이어진 촛불의 광장은 청소년에 대한 고정관념을 뒤흔드는 중요한 계기를 마련해 주었습니다. 많은 시민이 민주주의를 외치는 '동료 시민'으로서 청소년을 만났고, 미성숙하다고 여겼던 청소년의 발언에서 오히려 많이 배웠다는 사람들도 늘어났습니다.

청소년들도 광장에 참여한 경험을 통해 나도 시민의 한 사람이며, 이 사회의 변화를 만들어 낼 힘을 가진 존재라는 자긍심을 가지게 되었습니다. 당시 중학생으로서 탄핵 촛불집회에 참여했던 박상훈은 이렇게 말합니다. "국민의 힘이 얼마나 큰지 알게 되었죠. 사실 그전까지는 말로만 '국민이 짱이다. 국민을 위해 정치를 해야 한다'고 생각했는데 막상 국민이 직접 나서서 바꿔 내는 모습을 보고 '정치인은 역시 국민에게 잘해야 한다. 국민이 힘이 있구나. 약하지 않구나'라는 걸 알게 됐어요."[7]

이런 경험이 쌓이면서 청소년에게도 선거를 비롯한 정치참여의 권리를 보장해야 한다는 의견이 많아졌습니다. 청소년 인권 단체들이 중심이 되어 선거권 연령을 낮추라는 운동을 활발하게 펼치기도 했고요. 그 결과 2019년 말 선거권 연령이 만 19세에서 만 18세로 하향되어 고등학교 3학년 연령대의 청소년들이 역사상 최초로 투표에 참여할 수 있게 되었습니다. 광장의 경험 없이는 불가능했을 사회 변화였습니다.

((청소년, 스스로 광장을 열다))

광장에서 시민이 되어 본 경험은 일상에서도 청소년에게 가해지는 '가만히 있으라'라는 명령과 부당한 폭력을 의심하는 생각을 키워 냈습니다.

국가가 운영하는 학교가 시민인 학생을 대상으로 머리끝부터 발끝까지 단속하는 것이 말이 되나? 학생이 붙인 대자보나 포스트잇을 함부로 철거하는 일은 부당하지 않나? 교사가 평가 권력을 이용해 성적이나 벌점으로 학생을 괴롭히거나 모욕하는 것을 그저 두고 봐야 하나? 학교가 교과서를 통해 특정한 역사관이나 가치관을 전달하는 것은 괜찮은데, 학생이 성평등이나 학생인권, 기후위기의 심각성을 이야기하거나 정당이나 후보에 대한 선호를 밝히는 것은 학교를 정치판으로 만드는 잘못된 행동인가? 학생이 집회에 참여하면 왜 여전히 누군가의 조종을 받았다거나 학교의 명예를 훼손하는 일로 여겨지나?

꼬리에 꼬리를 무는 이런 질문 속에서 청소년들은 다시 생각했습니다. 정말 가만히 있어서는 안 되겠다고. 우리 일상에서 광장을 만들어 내야겠다고.

2016년 말 박근혜 대통령 탄핵 촛불집회에 참여했다가 '충남청소년인권연합회 인연'이라는 단체와 인연을 맺은 이유진은 이듬해인 2017년 11월, 교복 재킷을 입지 않은 채 패딩만을 입었다는 이유로 운동장에서 엎드려뻗쳐 체벌을 가한 학교의 문제를 언론에 알렸습니다. 당연하다는 듯 인권침해가 되풀이되던 학교 운동장을 인권과 민주주의를 요구하는 광장으로 만든 순간이었죠. 이 일을 계기로 학교 규정이 바뀌었습니다.

이유진은 변화를 만들어 낸 경험을 이렇게 기억합니다. "와! 내가 이렇게 했는데 세상이 바뀌네. 더 본격적으로 해 봐야겠다." 그는 이런 일이 되풀이되지 않으려면 학생에게 해서는 안 될 인권침해가 무엇인지 명확히 하고, 교육청이 더 적극적으로 나서도록 만들어야겠다고 생각했습니다. 그래서 친구들을 비롯해 시민단체들과 함께 충남학생인권조례 제정 활동에 적극 참여했고, 2020년 6월 조례를 도의회에서 통과시켰어요.[8]

2018년 4월 서울의 용화여고를 시작으로 '스쿨 미투' 고발이 전국 100여 개가 넘는 학교에서 터져 나왔습니다. 그동안 묻혀왔으나 지금도 일어나고 있는 학교 내 성폭력 문제를 청소년들 스스로 고발하고 해결을 시도한 운동을 스쿨 미투라고 부릅니다. 용화여고 졸업생들이 성폭력 문제를 고발하자, 재학생들이 교실 창문에 포스트잇으로 '#ME TOO #WITH YOU'라는 글씨를 붙여 화답한 일은 학교를 광장으로 만들어 낸 상징적 사건입니다.

이후 트위터 등 다양한 SNS에서 재학생과 졸업생의 고발이 이어졌고, 교육청과 교육부의 대책을 촉구하는 집회와 행진이 청소년 주도로 개최되었습니다. "폭력은 교권이 아니다 혐오는 교육이 아니다", "친구야 울지 마라 우리는 끝까지 함께한다" 같은 구호를 내건 이 집회는 서울시교육청 앞까지 행진이 이어진 뒤 마무리되었습니다. 이곳에 모인 300여 명의 청소년은 학내 성폭력 전수조사, 가해자 처벌, 학생의 몸에 함부로 손을 대도 된다고 생각하게 만드는 복장 규제나 학생-교사의 권력 불평등을 바로잡기 위한 학생인권법 제정 등을 요구했습니다.[9]

2019년 9월 27일 광화문광장에서 열린 '기후를 위한 결석시위'도 주목해야 합니다. 스웨덴의 그레타 툰베리를 비롯해 세계 각국의 청소년들은 2018년 이후 기후위기의 심각성을 알리고 유엔과 정부에 즉각 대책을 마련하라고 요구하기 위해 금요일에 학교를 결석하고 시위에 참여하는 '#미래를위한금요일 결석시위'를 전개하고 있습니다. 개인이 분리수거를 열심히 하고 일

회용품 사용을 자제한다고 해서 임박한 지구의 종말을 막을 수는 없다고 생각한 이들이 정치와 정책을 바꾸기 위한 직접행동에 나선 건데요. 한국에서 열린 9월의 결석시위에는 청소년 450여 명이 참여했습니다.[10] 이후 청소년기후행동을 중심으로 청소년들 스스로 광장을 열고 정부와 국회를 움직이기 위한 활동을 이어 가고 있습니다.

((**광장은 말하고 있다**))

지금까지 우리 사회는 청소년에게 '가만히 있으라' 요구해 왔고, 미성숙하다는 부당한 판단으로 참여의 기회를 빼앗곤 했습니다. 광장은 청소년들에게는 위험하거나 어울리지 않는 장소인 것으로 인식되어 왔고, 청소년의 요구 또한 메아리 없는 외침에 그칠 때가 많았죠. 다행히도 청소년을 사회의 구석 또는 바깥으로 내모는 일이 조금씩 줄어들고 있어요. 세월호나 대통령 탄핵 문제처럼 많은 시민이 공감하는 의제로 열린 광장에 함께한 경험, 청소년 스스로 광장을 연 경험, 나아가 학교와 같은 일상적 공간을 광장으로 바꾼 경험이 청소년의 자리를 이동시키고 있는 것입니다.

무엇보다 '너희들은 하지 못할걸?'이라는 세상의 속삭임에 속지 않은 청소년, '어차피 안 될 텐데 뭐' 하고 체념하지 않은 청소년 들이 스스로 시민의 자리를 만들어 내고 있어요. 청소년이 직접 변화의 광장을 기획하거나 참여한 경험, 내 이야기에 사람들이 귀 기울이고 응답해 준 경험, 같은 마음으로 모인 사람들을 확인한 경험, '나이와 상관없이' 나를 시민으로 불러 주는 장소와 사람을 만난 경험이 청소년을 주체적 시민으로 한 걸음 더 나아가게 만듭니다. 청소년이 광장에 설 권리와 말할 권리(the right to speak)는 '들릴 권리(the right to be heard)', 곧 응답받을 권리를 통해 완성된다고, 광장의 역사는 말해 주고 있습니다.

나를 지지하는
법을 만들어 본 적
있나요?

세상에 이런 법이 어디 있어?

공중화장실에 관한 법률이 있다는 것을 알고 계시나요? '공중화장실 등에 관한 법률'에는 여성과 남성의 몸의 구조, 복장과 같은 차이를 고려해 여성 화장실의 변기 수를 남성 화장실의 1.5배로 설치해야 하고, 어린이용 변기를 별도로 설치해야 한다거나, 위생은 어떻게 관리해야 하는지 등의 기준을 꼼꼼하게 규정하고 있습니다. 최근에는 거리를 지나다가 편하게 드나들 수 있는 개방 화장실도 늘어나고 있죠. 덕분에 카페나 패스트푸드점에 손님인 척 눈치 보며 들어가거나 역무원에게 사정해 지하철역 화장실로 뛰어들어가는 일이 줄었습니다. 이 법에 공공기관이 개방 화장실을 제공해야 한다는 조항이 포함된 결과예요. 이처럼 법은 시민의 일상에 큰 영향을 미칩니다. 법은 우리의 삶을 편리하게도, 불편하게도 만들 수 있고 인간다운 삶을 보장할 수도, 반대로 위협할 수도 있습니다.

살다 보면 '세상에 이런 법이 어디 있어?'라는 말을 내뱉게 되는 순간들이 있습니다. 언젠가 평소 알고 지낸 청소년과 인터뷰를 위해 약속을 잡을 때였습니다. 학교 수업시간, 학원 시간, 시험 기간, 집안 행사 등을 하나씩 지워 가며 가능한 날짜와 시간을 꼽아 보고 있었는데 좀체 맞는 날짜가 없었어요. "그럼 학원 끝나는 시간에 좀 늦게라도 잠깐 만날까요?" "안 돼요. 학원 끝나고 곧장 집으로 가야 해요. 갑자기 통금이 생겼어요." 아버지가 일방적으로 통보한 통행금지 시간이 느닷없이 그의 삶에 찾아왔다고 합니다. 자기 바람과 의지로 채워 넣을 시간이 그만큼 줄어든 셈입니다. 아버지께 사정을 말하고 허락을 구해 보면 어떻겠느냐고 제안할까 하다가 조마조마 눈치를 봐야 하는 마음이 떠올라 망설여졌습니다. 청소년의 삶에는 보호자의 명령도 법처럼 강력한 힘으로 다가오죠.

"원격 수업인데도 교복을 갖춰 입고 수업에 참여하라는 가정통신문을 발송한 학교가 있는데 어떻게 보십니까?" 코로나19 유행으로 원격 수업이 한창일 때, 한 언론사 기자가 이렇게 물어왔습니다. 몸에 착 달라붙는 답답한 교복을 입고 수업에 참여할 청소년들을 생각하니 절로 숨이 막혔습니다. 교복, 특히 여학생 교복은 사람에게 옷을 맞추는 게 아니라, 옷에다 사람을 끼워 맞추라고 요구하는 것이라 불편하기 그지없죠. 체육복 등하교조차 금지하는 학교도, 갑작스레 찾아온 한파에도 실내에서는 겉옷을 벗고 있으라고 강요하는 학교도 있습니다. '왜 이런 것까지 허락을 받아야 해?'라는 의문이 절로 듭니다. 이처럼 학교의 일상은 '금지'와 '예외적 허락'으로 가득하고, 그 속에서 청소년의 결정권이 들어설 자리는 많지 않습니다. 청소년의 삶에서는 학교의 규칙이나 교사의 지시도 마치 법처럼 작동합니다.

　보호자나 학교의 지시는 국회를 통과한 법률이나 지방의회에서 제정되는 조례와도 밀접하게 연결되어 있습니다. 자녀에게 보장해야 할 인권의 기준을 명확히 하고 보호자에 대한 인권 교육을 지원하는 법률이 있다면 일방적으로 통금을 통보하는 보호자는 더 줄어들지 않을까요? 체육복 등하교 금지와 같은 학교 규칙이 가능한 것은 학생인권에 관한 구체적 기준을 정한 법률이 없는 탓도 있어요. '청소년활동기상청 활기'라는 단체에서 기획해 펴낸 《나를 지키는 법, 내가 고치는 법》이라는 책에는 다음과 같은 이야기가 나옵니다.

　청소년들은 교과서나 책, 시험 문제로만 법을 접하는 경우가 많다. 헌법에서는 "모든 권력은 국민으로부터 나온다"고 하는데 정작 그 권력이 행사되는 방식이자 기준인 법은 청소년의 삶과 동떨어져 있는 듯하다. 하지만 청소년의 일상은 법과 촘촘히 연결되어 있다. 두발·복장 규제나 체벌과 같이 학교에서 겪는 인권침해들, 시험성적으로 학생들을 줄 세우고 차별하는 교육, 학교 밖 청소년이라는 이유로 겪는 소외, 청소년 야간 출입을 금지하는 곳이 점점 늘어나 밤 10시가 되면 집 말고는 갈 곳이 없는 상황, 부모·보호자 동의 없이는 내 명의로 된 통장 하나 만들 수 없는 것 등……. 청소년들이 부딪히는 여러 불편하고 부당한 일들은 우리 사회의 법들과 떼려야 뗄 수 없는 관계다.[11]

((나를 위한 법은 어디에?))

인터뷰에서 만난 또 다른 청소년 서한울은 고등학교 3년 내내 친구들과 함께 두발 규정을 없애고자 활동한 이야기를 들려주었습니다. 그는 두발 자유를 요구할 때마다 매번 돌아왔던 학교의 반응을 또렷이 기억합니다. '그건 너희의 희망 사항일 뿐 아무런 근거가 없다!' 갖은 노력 끝에 고3이 되어서야 가까스로 두발 자유를 얻어 냈지만, 그동안 겪은 서러움과 삼켜야 했던 분노는 쉽게 가시지 않았습니다. "체벌은 불법이니까 하지 마라, 이렇게 말하면 끝이잖아요. 근데 두발 자유는 우리가 아무리 원해도 법적 근거가 없는 거예요. 저희 학교는 생활부장 선생님 마음대로 교칙이 정해졌거든요. 교육청에다 말해도 '학교 규칙은 학교 자율로 정하는 거다. 그래서 어쩔 수 없다' 이렇게 말하고."

서한울과 그 친구들의 서러움은 법이 없다는 현실과 연결되어 있어요. 대한민국의 모든 학교가 따라야 할 '초·중등교육법'이라는 법률에서는 학생의 인권이 무엇인지, 학교가 학생에게 해서는 안 되는 행동이 무엇인지를 구체적으로는 전혀 제시하지 않고 있습니다. 그가 학교를 다닌 곳은 '학생인권조례'와 같이 학생의 인권을 보장한 지방자치법규가 없었죠. 만약 초·중등교육법이나 학생인권조례에 '학생의 용의 복장에 대한 제한은 금지된다'라는 조항이 있었더라면 어땠을까요? 학교 규칙을 학교에만 맡겨 두지 않고, 학생인권을 침해하는 조항은 '원천 무효'임을 확인해 주는 법이 있었다면, 서한울과 그 동료들의 고생은 한결 덜했을 것입니다.

청소년의 존재나 삶에 침묵하고 있는 '법의 공백'은 청소년의 고통을 유지하는 요인이 됩니다. 학교에서 교사가 성적이 좋지 않은 학생이나 여성, 성소수자를 비하하거나 혐오하는 발언을 해도 학생이라는 이유로 참고 견뎌야 하는 처지에 분노하는 청소년도 많습니다. 교사가 편견에 사로잡혀 부당한 발언을 하거나 누군가를 모욕해도 평가권을 지닌 교사한테 학생이 하나하나 문제를 지적하기란 쉽지 않죠. 문제의식을 지닌 교사들도 동료 교사의 잘못에 대해 조언하기가 어렵고요.

이럴 때 필요한 게 바로 법률이나 조례입니다. 어떤 행동이 인권침해이고 차별인지를 알려 주고, 문제가 터졌을 때 바로잡을 절차와 기구를 설치하라는 법이 제정되어 있다면, 부당한 장면을 그저 견디거나 이야기를 꺼냈다가 예민하거나 불손한 사람인 양 낙인 찍히는 일은 줄어들 테니까요.

이름만 보아서는 청소년을 위한 법 같지만, 막상 내용을 뜯어보면 이게 무슨 도움이 된다는 건가 싶은 법도 있습니다. 청소년의 건강한 성장을 보호한다는 명목으로 '청소년보호법'에서는 밤 10시 이후 노래방이나 피시방, 찜질방 출입을 금지하고 있습니다. 하지만 정작 학원이나 독서실의 영업시간은 제한하지 않습니다. 지역별로 학원이나 과외교습에 관한 조례를 따로 정한 사례가 있지만, 학원의 영업시간 기준은 제각각이며 심지어 자정까지 영업을 허용한 지역도 있죠. 같은 야간이라 해도 청소년이 노래를 부르거나 잠시 눈을 붙일 수 있는 대중 시설은 이용하면 안 되는데, 학원에 가는 것은 가능하다고 규정하고 있는 셈입니다.

보호자의 폭력을 피해 느닷없이 집을 나온 청소년이 하룻밤 마음 편히 쉬어 갈 수 있는 가장 가깝고 값싼 장소가 찜질방입니다. 규율이 빡빡하고 낯선 이들과 여럿이 방을 함께 써야 하는 청소년쉼터를 꺼리는 청소년도 많습니다. 찜질방도 불특정 다수의 사람과 공유하는 공간이라는 점에서, 또 비용이 든다는 점에서 심리적·물리적 어려움에 처한 청소년이 안정적으로 이용할 수 있는 공간이라 보기는 어렵겠죠. 그러나 무료 게스트하우스처럼 독립 공간을 제공하는 쉼터는 없고 찜질방마저 이용할 수 없다 보니, 위기 상황에 놓인 청소년들은 또다시 위험에 노출됩니다. 청소년보호라는 법의 취지가 무색해지는 대표 사례죠.

((법을 바꿀 힘은 어디에))

누구에게나 그렇듯, 청소년에게도 자기 생각이나 마음을 지지해주는 법이 필요합니다. 누구에게나 그렇듯, 청소년의 삶을 부당하게 옥죄는 법은 없애야 합니다. 때로 '이런 법률이나 조례는 왜 없지?' 하고 생각해 본 적 있나요? 한 청소년수련관에서 만난 청소년들에게 어떤 법이나 조례가 새로 필요한 것 같은지 물었더니 다양한 답변이 나왔습니다.

- 우리 지역에도 학생인권조례가 생겨서 인권을 침해하는 규칙이 사라지면 좋겠다.
- 교육감부터 인권 교육을 받기 바란다.
- 무상교육이라면 학교를 오가는 교통비도 지원하는 법이 있어야 하지 않을까.

- 채식을 선택한 학생에게 채식 급식을 제공하는 법이 필요하다.
- 학습 시간을 줄이고 과열 경쟁도 줄이면 좋겠다.
- 학교를 그만둔 청소년에게도 급식비와 다른 교육 기회를 지원하는 법이 필요하다.
- 우리 동네에 청소년 문화시설이 새로 생기면 좋겠다.
- 원격 수업에 필요한 컴퓨터나 학습 기기를 지원해 주면 좋겠다.
- 청소년이 일할 때 모욕을 주거나 임금을 깎는 일이 없도록 감시하는 기구가 있어야 한다.
- 노키즈존을 없애는 법이 마련되면 좋겠다.
- 탄소를 많이 배출하고 산재 사고가 많은 기업을 강하게 처벌하는 법이 생겨야 한다.
- 시장(군수)이나 교육감이 청소년의 의견을 정기적으로 듣고 정책에 반영하는 자리가 생기길 바란다.
- 적어도 고등학생부터는 대통령, 국회의원, 교육감을 뽑을 권리가 있으면 좋겠다.

청소년을 위한 법을 새로 만들거나 고치려면 법을 제정하는 권력을 지닌 국회와 지방의회 의원들을 움직일 수 있는 더 큰 힘이 필요합니다. 4년마다 한 번씩 선거를 통해 선출되는 의원들은 '표'를 가진 유권자들을 의식할 수밖에 없습니다. 그런데

만 18세 이상에게만 선거권이 주어져 있어 대다수 청소년은 정치인에게 고려 대상이 되지 못합니다. 고3 연령대의 청소년 중 일부만이 유권자에 해당하다 보니 청소년의 지지를 얻기 위한 공약을 내놓는 후보나 청소년에게 명함을 건네는 후보는 찾아보기 힘들죠. 청소년이 원하는 법을 만들기보다는 유권자인 교사나 보호자, 더 큰 힘을 가진 사립학교 재단이나 학원 자영업자들의 이익이 먼저 고려되는 구조입니다.

그렇다면 시민들의 서명을 모아 조례 제정을 요구하는 제도를 활용해 보면 어떨까요? 시·도·군·구와 같은 지방정부의 정책이 추진되고 예산을 배정하려면 조례가 있어야 하는데, 시민들이 직접 조례안을 만들어 제정을 요구하는 것이 주민발안 또는 주민발의 제도입니다. 주민발안을 통해 만들어진 대표적 조례가 바로 '서울특별시 학생인권조례(서울학생인권조례)'입니다. 서울학생인권조례는 서울 시민들이 발품을 팔아 시민 1%의 자필 서명을 받은 뒤 제안되었고, 2012년 1월 26일 조례가 제정되었음이 공식적으로 발표됐어요.

그런데 지방자치법에는 조례를 만들거나 고치거나 없애라고 제안할 수 있는 시민을 '선거권이 있는 자'로 한정하고 있습니다. 서울학생인권조례를 만들 때도 정작 그 조례의 주인공인 청소년들은 서명조차 할 수 없었습니다. '교권이나 학교의 자율성이 제한'될 수 있다면서 '반대표'를 의식한 교육청과 의회가 조례 제정에 나서지 않는 지역도 여럿이죠.

만약 청소년에게도 조례안을 발의할 법적 권리나 선거권이 있었더라면 사정은 좀 달라졌을지 모릅니다. 경남에서 학생인권조례를 만드는 활동에 참여했다가 결국 도의회에서 부결되는 일을 겪은 청소년 활동가 박지혜는 인터뷰에서 이런 이야기를 전했습니다. "우리한테 선거권이 있다고 갑자기 청소년 목소리에 귀 기울여 주고 그러는 건 아니겠죠. 그래도 우리에게 선거권이라도 있었다면 의회에 좀 더 호소할 수 있는 언어가 생기지 않았을까요? 앞으로도 계속 투표하는 청소년 수는 많아질 거고. 그러니 우리를 무시하면 안 된다, 우리도 시민이다, 그런 근거라도 생기지 않았을까요?"

청와대나 국회, 교육청 같은 곳에 열어 둔 청원 게시판을 활용해 법이나 조례의 필요성을 알려 보면 그래도 낫지 않을까요? 실제로 청소년들이 청원을 직접 올리는 경우도 적지 않고, 간혹 꽤 많은 시민의 동의를 얻기도 합니다. 청원 게시판을 주시하고 있던 언론사가 청원의 내용을 보도하면 문제의 중요성을 알리는 효과도 거둘 수 있고요. 무엇보다 청소년의 목소리를 국가에 직접 전달한다는 의미가 있습니다. 그러나 공식 답변을 받으려면 일정 수 이상의 동의를 받아야 하는데(청와대 국민청원의 경우는 20

만 명), 청소년 개인이나 작은 규모의 청소년 모임이라면 청원을 올렸다는 사실 자체를 알리는 게 쉽지 않습니다. 하루에도 수없이 올라오는 청원들 틈에 묻혀 잊히는 경우가 다반사죠.

((청소년을 위한 법이 없기에 더더욱))

현실의 장벽들을 마주하게 되면 변화가 과연 가능할까 싶기도 합니다. 왜 규칙과 법을 정하는 사람에 청소년은 포함되지 않을까, 왜 청소년을 위한 법은 이토록 없는 것일까 한탄이 절로 나오기도 합니다. 그런데 한탄에 그치지 않고 장벽에 도전한 사람들이 불가능하게만 보였던 변화를 일구어 냈습니다.

초·중등교육법에는 "학교의 설립자·경영자와 학교의 장은 「헌법」과 국제인권조약에 명시된 학생의 인권을 보장하여야 한다"라는 짧은 조항 하나가 들어가 있습니다. 2007년 처음 삽입된 이 조항 덕분에 학생인권을 보장하라는 목소리에 법적 근거가 생겼죠. 많은 사람이 학생인권을 법으로 보장하라는 서명운동을 벌이고 국회를 움직인 결과였습니다. 하지만 이 조항은 너무 짧고 구체적이지 않아 학생인권을 보장하기엔 모자람이 커지금도 개정 운동이 이어지고 있어요.

학교 규칙을 바꾸고 싶었던 서한울이 선거권 연령을 낮추는 활동에 참여하게 된 것은 어쩌면 자연스러운 귀결이었을 겁니다. 2019년 국회에서 열린 한 기자회견에서 당시 18세였던 서한울은 이렇게 말했습니다. "나는 분명 존재했지만 아무도 봐 주지 않았고 목소리를 냈지만 아무도 들어 주지 않았다. 내가 받는 교육에는 나의 의견이 반영되지 않았고 내가 다니는 학교에서조차 나는 의사결정에 참여할 수 없었다. 나는 청소년의 존재를 인정해 주는 정치인을, 수능이 끝나도 자살하는 사람 없는 세상을 만들어 줄 정치인을 뽑고 싶다."[12] 선거권 연령 하향 운동이 결실을 맺어 만 18세부터 투표가 가능해지면서 이제는 청소년의 존재를 마냥 무시할 수만은 없는 정치 환경이 만들어졌습니다.

헌법재판소나 국가인권위원회와 같은 기구를 활용해 부당한 법이나 학교 교칙을 고칠 방안을 궁리한 청소년들도 있어요. 현재 제정된 법률로는 인권침해를 회복하기 힘들다고 생각된다면 헌법재판소에 헌법소원을 제기할 수 있습니다. 선거권이나 정당가입 연령 등 청소년의 참정권을 제한한 법률이 위헌이라고 주장한 청소년 단체의 헌법소원[13], 정부의 기후위기 대응 정책이 너무 소극적이어서 생명권 침해를 방치하고 있다는 청소년기후행동의 헌법소원[14]은 청소년들이 직접 주체가 되어 나선 대표 사례죠.

그런데 청소년이 헌법소원과 같은 소송을 내려면 친권자나 후견인의 동의가 있어야 합니다. 민법상 만 19세 미만의 미성년 자는 독자적 법률 행위를 할 수 없도록 정해져 있기 때문입니다. 부모가 반대할 것이 너무 뻔해서 '부모님 대신 좋은 일 해 준다' 라는 생각으로 몰래 부모 이름으로 헌법소원을 냈다는 청소년 을 만나기도 했습니다. 청소년이 자신의 인권을 회복하기 위한 소송조차 가로막아서는 안 된다는 목소리가 이어지고 있는 이 유입니다.

단, 국가인권위원회에 인권침해를 밝혀 달라고 요청하는 것 ('진정'이라고 부릅니다)은 친권자나 후견인의 동의 없이 가능합니다. 그래서 청소년들이 직접 진정을 넣는 사례가 많은 편이죠. 국가 인권위원회는 그동안 교내 집회나 대자보를 철거하는 것은 표 현의 자유를 침해한다, 학생의 두발 자유는 기본권이다, 학생회 선거에 학교가 함부로 간섭하면 안 된다, 얼차려와 같은 간접체 벌도 인권침해다, 학생에게 교무실 청소를 시키면 안 된다, 휴대 전화를 강제 수거하면 안 된다, 탈가정('가출') 청소년은 범죄 우 려가 있는 사람이 아니라 보호와 지원이 필요한 사람이니 관련 법을 바꿔야 한다는 결정들을 내려 왔습니다.

헌법재판소가 위헌이라고 결정하면 해당 법률이 곧장 무효가 되는 것과 달리, 국가인권위원회는 강제력 없는 '시정 권고'만

할 수 있습니다. 그래서 권고를 받은 곳이 무시하면 안타깝지만 어쩔 도리가 없죠. 그래도 국가기구가 문제라고 지적하면 해당 법률이나 교칙을 바꾸기가 좀 더 수월해지고 주장의 근거가 강화되는 효과를 기대할 수 있습니다.

((법은 바꾸라고 있는 법))

법이 있어도 제대로 작동하지 않는 경우가 많지만, 법마저 없다면 곧 무너질지 모르는 가파른 벼랑 끝에 집을 짓고 사는 꼴이 됩니다. 청소년을 위한 법을 찾아보기 힘들고 그나마 있는 법도 무시되는 까닭은 청소년의 정치가 가로막혀 있기 때문입니다. 법이 청소년을 무시해도 좋을 위치에 가둬 놓았기 때문이기도 하죠.

법은 현실에 존재하는 힘의 질서를 반영하지만, 동시에 시민들의 변화된 생각을 반영해 바뀌기도 합니다. 처음엔 허무맹랑한 주장으로 보였던 '투표하는 청소년'이 지금은 현실이 되었습니다. 학생인권조례를 제정한 지역도, 학교 규칙을 정할 때 학생의 의견을 적극 반영하려는 학교도 늘어나고 있고요. 법은 여전히 대다수 청소년을 시민의 자리에서 배제하고 있습니다. 하지만 스스로 시민임을 선언하며 불평등한 사회와 법을 바꾸는 활동을 이어 간 청소년들이 있었던 덕분에, 그리고 청소년의 목소리에 귀를 기울인 동료 시민들이 있었던 덕분에 우리가 사는 사회가 평등에 한 걸음 더 가까워졌습니다.

말 잘 듣는 학생에서 시민으로

이유진 님은 박근혜 대통령 탄핵 촛불집회에 참여하면서 인연을 맺은 '충남청소년인권연합회 인연'에서 2017년 초부터 활동을 시작했습니다. 활동하면서 인권과 페미니즘을 접하고, 억압과 통제가 가득한 학교문화를 바꾸려면 학생인권조례가 필요하다고 생각했다고 합니다. 지금은 비청소년이지만 충남학생인권조례 제정의 꿈을 품은 자신도 당사자라는 생각으로 조례 제정까지 함께 달려왔습니다.

원래 부당하다고 생각하는 것에 적극적으로 문제를 제기하고 행동하는 편이었나요?

유진 아니요. 원래는 제 의견을 잘 표현하지 못하고, 학교에서 흔히 말하는 '선생님 말 잘 듣는 학생'이었어요. 그리고 일단 대학을 가야 하는데 학교에서 어떤 이의제기를 하면 '나를 안 좋게 보지 않을까?' 싶었고, 선생님이랑 적대해 봤자 좋을 게 하나도 없다 싶었거든요. 특히 자소서 쓸 때는 선생님의 첨삭을 많이 받게 되는데, 불리하게 작용하지 않을까 그런 걱정에 이야기를 잘 못했어요. 할 생각도 없었고. 그런데 인연 활동을 하면서 토론회 자리에도 나가고, 이런 문제에 대해 어떻게 생각하느냐는 질문을 받고 대답도 해 보고 그런 경험을 하면서 조금씩 변한 것 같아요.

소극적인 교육청과 반대하는 사람들의 의견도 있는 상태에서 충남학생인 권조례를 만드는 과정이 쉽지만은 않았을 것 같은데요.

유진 제가 활동을 하면서 인권에 대해 알게 되고 공부를 하면서 감수성이라는 게 조금은 생겼나 봐요. 고3 때 겨울이었는데 학생부 선생님이 친구들이 교복 재킷을 안 입고 패딩만 입고 왔다고 운동장에 엎드려뻗쳐를 시킨 거예요. 저는 그게 잘못됐다고 생각한 거죠. 일단 사진을 찍었어요. '어떻게 하지?' 그러다가 아는 선생님이 언론에 제보해 보자고 하셔서 그렇게 했는데 학교가 뒤집어졌죠. 그렇게 해서 그해부터 재킷 안 입고 패딩 입어도 되도록 학교가 변했어요. 저는 그 하나가 바뀐 걸 보고 '와! 내가 이렇게 했는데 세상이 바뀌네' 하는 생각이 들었어요. 그래서 '더 본격적으로 해 봐야겠다!' 하면서 충남학생인권조례 제정 운동을 하게 됐어요.

　근데 이런 변화를 이끄는 게 쉽지 않다는 걸 나중에 알게 됐죠. 학생인권조례에 반대하는 사람들도 많고, 내용을 축소시키려는 사람들도 있고. 그때 지역에서 활동하는 한 선생님이 그러는 거예요. "1cm 조금 더 나은 세상을 만들기 위해 우리가 이만큼 노력해도 안 되는 걸 느꼈다. 그러니 더 세게 나가자"라고. 너무 공감이 가더라고요. 그동안 우리 의지를 쌓고 또 쌓아 온 거니까 포기하는 건 말이 안 되죠. '이왕 할 거면 후회 없이 진짜 최선을 다해 보자' 그런 마음이 들었어요. 그래서 천막 치고 거리에서 우리의 요구를 외치기도 하고. 통과를 앞두고는 이것 빼고 저것 빼고 학생인권의 내용이 너무 축소될 위기에 처해서 삭발까지 하고. 결국엔 큰 후퇴 없이 조례가 만들어졌어요. 조례 제정 과정에 처음부터 끝까지 함께할 수 있었던 건 행운이라고 해야 할까. 정말 색다른 경험이었고, 제 인생에서는 또다시 일어나지 않을 것 같은 엄청난 경험이었어요.

사회적으로든 개인적으로든 변화를 일구기란 쉽지 않은 일이죠. 유진 님이 힘을 낼 수 있었던 동력은 어디에서 왔나요?

유진 인연 활동이 재미있었어요. 토론하며 내 이야기를 하는데 아무도 뭐라고 안 한 게 가장 좋았고요. 서로 이야기하면서 문제를 조금씩 해결해 나가는 게 참 즐거웠어요. 학교에서는 나한테 말을 시키는 것조차 싫었거든요. 의사도 묻지 않고 "너 일어나서 말해 봐" 하는 것도 싫었고요. 또 누군가 질문을 하면 '수업 일찍 끝날 수 있었는데 쟤 때문에 늦게 끝난다' 이런 분위기가 이미 형성되어 있으니까 그런 분위기에서 내가 이야기를 하는 것 자체가 부담되고 애들이 나를 이상하게 볼까 봐 걱정도 되고. 내 생각에 공감하거나 다른 생각을 이야기하는 상호작용이 없을 것 같아 이야기를 하는 것조차 싫었나 봐요. 학교는 우리를 미성숙한 존재로 보니까 통제하고 억압하고, 우리는 말할 의지나 발언권도 줄어들게 돼요. 그러다 보니 정치적인 것으로부터 더 멀어지게 되고요. 그런데 활동하면서 제가 더 이상 자신을 미성숙하게 여기지 않게 되니까 하고 싶은 말을 할 수 있게 되더라고요. 그러면서 '내 의견은 이렇구나' 하고 생각을 정리하게 되고. 이게 되게 자유롭게 느껴졌어요. 서로 의견을 무시하지 않고 뜻 맞는 사람들이 모인 거니까 더 으샤으샤 이렇게 되고.

청소년을 미성숙한 존재로 보기 때문에 청소년들이 정치적인 것으로부터 멀어지게 된다는 말이 인상적이네요. 정치에 관심을 갖는다는 게 어떤 걸까요?

유진 정치를 내 삶과 어떤 식으로 연관을 짓느냐에 따라 내 옆에 가까이 둘 수도 있고 멀리 둘 수도 있는 것 같아요. 그런데 저는 모든 게 정치와 연결되어 있다고 생각하게 됐어요. 특히 페미니즘을 공부하고 이야기하게 되면서부터 '모든 건 정치와 연결되어 있다. 정치가 바뀌지 않으면 이 세상도 바뀌지 않는다' 그런 생각을 하게 됐어요.

한번은 충남여성정책개발원에서 '나의 페미니즘'에 대해 발표를 해 달라고 하셨어요. 내가 살아오면서 겪은 여성 차별이 어떤 게 있었는지 생각해 보니까 너무 많은 거예요. 특히 저희 집이 가부장제의 끝판왕이거든요. 살면서 '이게 뭐지?' 싶었던 순간들에 이름을 붙여 준 게 페미니즘이었어요. 이 사회가 너무 남성중심적이라는 것도 알게 됐죠. 성폭력 사건을 접할 때면 다들 피해자만 탓하고 심지어 저희 아버지도 가해자를 옹호하고 불쌍해하시고. 집안의 가족 위계를 봐도 아빠가 엄청 위에 있어요. 엄마를 비하하고, 엄마가 이야기하는 거에는 잘 수긍하지 않고 이견은 받아들이지도 않고. 아빠가 하고 싶은 대로 하는 게 예전부터 엄청 충격이었는데, 저한테 새로운 문제의식이 생기니까 더 심하게 느껴지는 거예요.

사실 넓은 의미에서는 아빠도 가부장제에서 겪는 힘듦이 있었겠죠. 남자로서 늘 책임져야 한다, 짊어져야 한다, 그런 압박을 받았고 실제로 그렇게 사셨으니까. 하지만 그런 세상에서 다른 존재, 여성이 겪는 고통에 대해서는 생각하지 않는 거죠. 그런 게 너무 불편해요. 그때부터 '이게 뭐지? 페미니즘이 말하는게 뭘까?' 싶었어요. 책보다는 페미니즘 활동가들을 접하고 이야기를 나누면서 점점 더 관심이 생겼고요. 그래서 삭발할 때도 일종의 탈코르셋▶을 실천한다는 생각도 있었죠.

가족 안에서 일어나는 일도, 성폭력 문제도, '여성다움/남성다움'이라는 고정관념의 문제도 다 정치와 연결되어 있다는 말씀이시네요. 이걸 바꾸기 위한 참여를 보장하는 게 참정권인데, 특히 청소년에게 참정권은 어떤 의미일까요?

유진 청소년에게 참정권은 내가 시민임을 확인받는 일이라고 생각해요. 그래서 '청소년도 시민이다'라는 말이 확 와닿았는데, 청소년에게만 참정권이 없다면 그건 우리를 시민으로 보지 않는다는 거잖아요. 제가 2020년 4월 총선▶▶에서 처음 투표에 참여했거든요. 투표를 하려면 후보들이 무엇을 얘기하는지 살펴봐야 하잖아요. 결국 투표권이 생기면서 정치에 관심을 가지게 되고 내 생각은 무엇인지 정립하게 되더라고요. 스무 살 이전에도 자기 생각을 정하고 표현할 수 있지 않을까요? 그래서 친구들끼리 정치 이야기를 하는 것도 중요하다고 생각해요. 잘 모르는 문제라도 이야기를 나누면서 더 알아갈 수 있고, 의견이 충

▶ 사회에서 여성스럽다고 정의해 온 것들을 거부하는 운동.
▶▶ 국회의원 전부를 한꺼번에 선출하는 선거.

돌하기도 하니까 그 과정에서 정치에 대한 의식도 확장된다고 생각해요.

이유진 님의 이야기를 들으면서 '규제와 통제가 침묵을 만들고 침묵은 복종을 만든다'라는 말이 떠올랐습니다. 누구나 두려움 없이 자신의 의견을 말하고 서로 다른 생각을 나누는 과정에서 배움도 얻고 정치의식도 성장합니다. 청소년이 많은 시간을 보내는 학교에서 그리고 모든 삶의 현장에서 정치적 권리가 실현되어야 하는 이유입니다.

우리는 늘 '현재'에서 배제되어 있다

2018년 여름은 사상 최악의 폭염을 기록했습니다. 10년 후 환경이 어떻게 변할지 아무도 예상하지 못하는 상황에서 오연재 님은 '난 무엇을 할 수 있을까?' 하고 계속 질문했다고 합니다. 질문에 답하기 위한 첫발로 그해 동료들과 함께 '청소년기후행동'을 만들었습니다. 오연재 님을 통해 청소년을 기특해하거나 미래세대로만 바라보는 관점에 어떤 차별 의식이 녹아 있는지 다시 한번 돌아볼 수 있었습니다.

기후위기 상황에 누구나 위협을 느끼면서도 적극적으로 '무엇을 할 수 있을까?' 생각하고 '내가 뭐라도 해야겠다'라는 실천으로 나아가기는 쉽지 않은데요. 활동을 시작한 특별한 계기가 있었나요?

연재 특별한 계기라고 할 만한 건 없었어요. 저는 대안학교에 다녔는데 학교에서 에너지문제, 환경문제, 쓰레기문제 등 사회문제를 접할 기회가 많았어요. 그러다가 핵발전소 문제를 접하고 크게 충격을 받았죠. 송전탑이 세워지는 밀양과 월성의 핵발전소를 방문하면서 그곳 주민들이 어떻게 살아가는지, 일상이 얼마나 망가졌는지, 그곳에 사시는 분들의 건강을 얼마나 위협하는 일인지도 알게 됐어요. 이렇게 생산된 전기는 모두 수도권으로, 도심으로 전해져 도시 사람들은 편하게 사용하지만 지역의 주민들은 고통을 안고 살아가는 걸 보면서 불평등에 대해 고민하게 됐어요. '이런 불평등이 있는 사회가 제대로 된 게 맞나?' 하는 의문이 일면서 관심이 생겼죠.

그러다 이 문제를 풀어낼 수 있는 청소년들의 장을 원했던 것 같아요. 청소년으로서 함께하고 싶었고 나의 목소리를 내고 싶은데 그럴 수 있는 장이 없었거든요. 기껏해야 학교의 학생회 정도? 사회에 청소년의 발언을 전할 수 있는 장은 없었어요. 운 좋게 청소년들의 모임을 알게 돼서 함께하게 됐죠. 학교에서는 사람들이 뭐가 문제인지 알아도 그걸 자기 삶의 문제로 받아들이지 않고, 일상과 연결해서 행동하려고 하지는 않는다는 느낌을 받았거든요. 모임에서 만난 사람들은 달랐어요. 모두 그런 어려움이나 고민을 안고 모인 친구들이다 보니 공감대가 있는 거예요. 이야기를 나누는 게 너무 즐겁고 이런 고민을 나만 하는 게 아니라는 걸 알게 되면서 활력을 얻었죠. 진짜 같이해 보고 싶다는 마음이 들었고, 개인적 실천을 넘어 실질적 변화를 이루기 위해 '청소년기후행동'을 만들게 됐어요.

우리 사회에서는 청소년들이 광장에서 자기 목소리를 내기가 쉽지 않은데 청소년들만의 장을 만들어 내신 거네요. 청소년기후행동에서 기획한 결석시위가 많은 사람의 관심을 받았죠?

연재 2019년 3월에 처음 결석시위를 했는데, 그때는 언론에 잘 알려지지 않았어요. 그러다 5월에 여론의 관심을 좀 받았는데 오히려 못 온다는 친구들이 생겼어요. "가고 싶은데 부모님이 가지 말라고 한다", "학교에서 가지 못하게 했다"라고 울면서 전화하는 친구들이 많았거든요. 그래서 9월에는 전략을 다시 짜서 오고 싶은 학생들이 올 수 있는 그런 장을 만들려고 했어요. 참여하고 싶어도 청소년들은 이런저런 제한이 많아 시기가 되게 중요했어요. 시험 기간이나 백일장 같은 행사가 있으면 학교가 일찍 끝나잖아요. 그럴 때 한다든지, 융통성 있게 진행했죠. 저희가 가장 중요하게 생각했던 건 참석하려는 이들이 학교나 부모님으로부터 압박을 받지 않고 함께하는 거였거든요. 거기에 대해 고민을 많이 했어요. 활동이 좀 더 알려지고 나서는 교육청이나 청와대의 문을 열심히 두드렸죠. 그 뒤로 교육청이 좀 더 긍정적인 태도를 보이면서 9월에는 학생들이 많이 참여할 수 있었다고 생각해요.

　그리고 우리만의 색깔이 있는 시위에 대해서도 고민을 많이 했어요. 재미있는 시위, 참여자들이 즐길 수 있는 자리, 우리의 색깔을 보여 주는 공간을 구상해서 가을운동회 콘셉트로 게임도 하고 행진도 하면서 재미있는 요소를 많이 담았어요. 500명이 훌쩍 넘는 인원이 한 공간에 모여 메시지를 만들고 그렇게 우리만의 장이 생겼다는 게 저는 너무 즐겁고 흥분되고 좋았어요. 그때 모인 사람들을 보면서 '주변에 동료들이 많구나, 나와 함께 활동하는 사람들, 나와 뜻이 같은 사람들이 많구나' 하고 느낄 수 있었죠.

청소년기후행동의 활동이 곧 '청소년도 시민'임을 증명한다는 생각이 드네요. 그런 면에서 기후행동의 활동은 청소년의 정치적 권리와 어떤 연관이 있을까요?

연재 저는 청소년의 사회참여가 중요하다고 생각하거든요. 청소년이 사회 구성원으로서 동등한 위치에서 발언권을 갖고 자기 목소리를 낼 수 있어야 하고, 그런 부분에서 기후위기를 의제로 삼는 게 청소년 참정권 운동과 굉장히 비슷하죠. 18세 선거권 하향 기자회견 할 때 의견을 이야기해 달라고 해서 참여했는데, 저한테는 시야를 확장할 수 있는 기회였어요. 저희 운동의 가장 큰 목표, 목적은 정치와 정책의 변화예요. 그때는 선거권 연령을 낮추는 것과 직접적으로 연결 짓지는 못했는데, 우리가 좀 더 빨리 선거에 참여했다면 변화를 앞당기는 힘도 생기지 않았을까요?

18세로 선거권 연령이 하향된 것이 충분하다고는 생각하지 않지만 좋은 변화의 징조였다고 봐요. 청소년의 발언권과 참정권을 획득한 것이기에 '너무 기쁘다. 정말 바뀔 수 있고, 함께 해낼 수 있다' 하는 용기를 얻었달까요? 변화가 이루어질 수 있다는 걸 알았고, 함께하는 동료들과도 더 단단하게 묶일 수 있었죠.

선거 연령이 18세로 낮아지고 나서 느껴지는 변화가 있나요?

연재 선거권이 생기니까 선거나 정치에 좀 더 관심을 갖게 돼요. 내 목소리를 전달하고 싶다는 마음도 생기고, 또 나를 대변하는 정당이나 정치인을 찾아보게 되더라고요. 변화를 체험하면서 '내가 그렇게 미성숙한 존재만은 아니구나' 하는 생각을 했죠. 내 위치 자체? 그니깐 사회적 구조가 나를 미성숙한 존재로 만들었던 거지, 내가 미성숙한 존재가 아니라는 걸 이번 기회로 알게 됐어요.

　저는 늘 '주체적으로 살고 싶어'라는 생각이 강했어요. 그래서 학교 안에서 학생회 활동도 열심히 했고 학생들이 학교를 운영하는 구성원으로 참여할 수 있는 자리나 기회를 요구해 왔어요. 가정에서도 나의 주체성을 늘 이야기했고요. 그런데 제 자리에서 할 수 있는 것들만 해 왔다는 생각이 들었어요. 그러니깐 좀 더 큰 구조적인 문제를 보지 못한 채 가까운 공동체 안에서만 나의 주체성을 찾았지 사회에서 찾아보지 않았다는 생각이 많이 들더라고요. 그런 한계를 넘어설 수 있는 기회였어요.

활동하면서 청소년이 동등한 사람으로, 시민으로 인정받았다거나 위치가 달라졌다고 느낀 순간은 언제였나요?

연재 서울시 교육감과 환경부 장관이 저희에게 면담을 요청했을 때 동등한 시민으로 인정받는 느낌이었어요. '우리를 알아봐 줬구나, 우리 목소리를 들을 준비가 되었구나' 하는 생각이 들었죠. 면담 결과가 그리 좋지는 않았지만, 우리의 목소리가 커지고 있고, 그것에 사회가 긴장하고 있다고 느꼈던 순간이에요. 그리고 사소한 변화는 사람들이 저를 다르게 대할 때인 것 같아요. 지금까지 저를 '연재 학생', '연재 친구'라는 호칭으로 부르던 사람들이 어느 순간부터 '연재 씨', '연재 님', 이렇게 존칭을 쓰기 시작했거든요. 이런 작은 변화들이 '나를 존중해 주고 있다', '나를 어린애로 취급하고 있지 않다'라는 뜻이라고 생각해요. 그뿐 아니라 제가 기후 관련 활동을 하니까 사람들이 관심을 갖고 물어보기도 하고, 제 의견을 비중 있게 듣는다고 할까요. 요즘에는 부모님도 플라스틱 컵을 안 쓰시더라고요. 나로 인해 주변 사람들이 변화하고 나의 행동을 지지하는 사람들이 늘어나는 걸 느껴요. 크고 작은 변화가 계속 생기는 것을 볼 때 나의 위치가 달라지고 있다고 실감하게 되죠.

연재 님뿐 아니라 모든 청소년을 존중하고 청소년으로부터 배우는 사회가 되면 좋겠네요. 그러기 위해서는 청소년의 사회참여, 정치참여 활동의 보장이 중요할 텐데, 우리 사회나 주변에 바라는 게 있나요?

연재 사람들은 청소년이 활동한다는 것 자체를 굉장히 자극적으로 봐요. "청소년이 무슨 정치운동을 하냐? 그냥 앉아서 공부나 해라" 이런 이야기부터 "커서 해라" 이런 이야기를 엄청 많이 들었어요. 그리고 우리가 스펙을 쌓으려고 활동한다고 생각하는 사람들도 많고요. '저런 활동은 다 생기부에 올라가는 거고, 인터뷰를 하면 그거까지 스펙이 된다' 이런 반응이 많았어요. 이 활동을 왜 하는지에 대해 우리가 주장하는 이야기는 듣지 않고 '나중에 유리할 거야' 이런 생각을 많이 하시더라고요. 주변 사람들도 우리 활동에 대해 보이는 반응은 정말 딱 '기특하다', 그 이상도 이하도 아니었다고 생각해요. "너 정말 멋있는 것 같아, 기특해"라는 말에 그쳐 버리죠. 한번은 제가 EBS의 한 다큐멘터리에 출연한 적이 있는데 친구가 부모님이랑 같이 그 프로를 본 거예요. 친구 부모님이 친구에게 "너도 연재처럼 해 봐. 주제를 잡아서 네가 할 수 있는 걸 해 봐"라고 하셨다는 이야기를 들었을 때는 '이게 뭐지?' 싶었어요. 그냥 평가의 대상, 비교 대상이 됐던 거죠. 전하고자 하는 메시지는 사라지고.

저희 활동의 목표는 정치와 정책의 변화라고 했잖아요. 개인의 노력, 개인의 실천, 개인의 참여만으로는 바뀌지 않기 때문에 우리는 정치와 정책의 변화라는 비전을 가지고 있어요. 그런데 기후위기 집회나 시위에서 함께 활동하는 비청소년들마저 우리 앞에서 대놓고 "우리 아이들을 위해 이 아이들을 지지해야 한다"라거나 "여러분은 우리의 미래입니다. 미래를 책임질 분들입니다"라고 하세요. 그럴 땐 동등한 사회 구성원으로 살아가고 있고 모두 함께 행동해야 한다고 말하면서도 청소년은 현재를 살아가고 있지 않은 존재로 대한다는 느낌을 받게 되고, 우리의 이야기가 들리지 않았구나 싶어져요. 현재에서 늘 배제되어 있다는 느낌을 갖게 되는 거죠. 저는 이 '미래세대'라는 말이 무책임한 표현이라고 생각해요. 단지 나이가 어리다고 다른 존재인 건 아니잖아요. 청소년이라고 해서 미성숙한 것도 아니고, 시민이 아닌 것도 아니라고 생각해요. 우리 사회가 청소년을 구분 짓고 분리하고 배제하는 게 아니라 동등한 존재로 받아들이면 좋겠어요.

오연재 님의 말처럼 청소년을 어리게만 보는 틀을 버리고 동등한 존재로 마주할 때 청소년이 발언권을 가질 수 있고, 적극적으로 자기 삶의 문제를 고민하고 사회에 참여할 마음도 생기겠죠. 그때 비로소 청소년이 빼앗긴 시민으로서의 위치를 돌려받을 수 있을 것입니다.

(((2.

이미 정치적인 존재,
청소년))

정치,
그 재미없는 걸
왜 하냐고요?

청소년이 정치에 관심 없다는 말은 진실일까?

뉴스를 자주 보시나요? 뉴스는 시사, 경제, 정치 등의 다양하고 중요한 소식을 전하지만 썩 재미는 없는, '어른들의 프로그램'이라는 느낌을 지우기 어렵습니다. 이런 이미지가 생긴 데에는 많은 이유가 있겠지만, 늘 비슷한 풍경으로 반복되는 정치 소식이 한몫할 텐데요. TV 속 국회의사당에서 똑같은 검은 양복 차림의 아저씨들이 거친 논쟁을 벌이는 장면을 보고 있자면, '또 싸우네', '지겹다', '피곤하다'라는 마음부터 찾아옵니다. 게다가 무슨 문제를 놓고 싸우는지도 쉽게 알아듣기 어렵습니다. 어쩌면 우리 삶에 지대한 영향을 미치는 결정이 이루어지고 있는, 아주 중요한 순간일지도 모르는데 말이죠.

여러 청소년에게 정치는 어렵고 먼, 또는 크게 기대할 만한 것이 없는 영역입니다. 그런데 한국 사회의 정치에 대한 '기대 없음' 혹은 '불신'은 안타깝게도 세대를 떠나 많은 사람 사이에 흐르는 정서입니다. '정치에 대해 잘 알지도 못하고 관심도 없는 청소년에게 투표권을 주면 나라가 어떻게 되겠느냐'라는 식으로 말하는 사람이 있지만, 참정권이 법률로 보장된 비청소년이라고 해서 모두 정치에 관심이 있거나 관련 현황을 빠삭하게 꿰고 있는 것은 아닙니다.

그렇다면 '청소년은 정치에 관심이 없다, 잘 알지 못한다'라는 말에 대해 다시 한번 생각해 볼까요? 자신을 둘러싼 사회의 방향을 정하는 데 참여할 권한이 없는 상황에서 청소년이 정치에 흥미가 없거나 기대가 없는 것은 크게 놀랍거나 이상한 일이 아닙니다. 그동안 사회가 청소년이 정치에 무관심할 수밖에 없도록 환경을 조성해 왔다고 봐도 될 정도니까요.

다수의 청소년에게는 투표권이 없으며, 투표권이 없음에도 정치에 관심이 있어서 선거철에 특정 후보를 지지하는 의견이라도 밝히면 현재로서는 불법입니다. 청소년에게 참정권이 없다 보니 청소년을 위한 정책을 주요 공약으로 내세우는 정치인도 드물고, 일상에서 비청소년과 다름없이 시민으로서 권리를 존중받도록 제도를 바꾸기도 어렵습니다. 다시 말하면 청소년이 유독 부족해서 정치에 관심이 없는 게 아니라는 거죠.

청소년에게도 참정권이 보장되어야 한다는 요구에 대해 "교실이 정치판이 된다"라며 우려를 표하는 언론 보도를 어렵지 않게 찾아볼 수 있습니다. 학교에서는 참정권이 국민의 중요한 권리이며 정치제도와 선거에 대해서도 알아야 한다고 교육하는데, 왜 어떤 사람들은 교실에서 정치가 '핫이슈'가 되는 걸 걱정할까요?

2020년 8월 부산지방법원은 16세 청소년에게 선거운동을 하도록 했다며 노동당 부산시당위원장에게 벌금을 부과하고 피선거권 박탈을 선고했습니다. 벌금에 더해 선거에 후보로 출마할 수 없게 했으니 무거운 처벌입니다. 총선 선거운동이 한창이던 그해 4월, 노동당 당원이자 청소년인권행동 아수나로의 활동가 김찬이 특정 정당의 비례대표 후보를 지지하는 내용의 피켓을 들고 선거운동을 한 것을 공직선거법 위반으로 판단했기 때문인데요.

재판부는 판결문에서 "정치적 판단 능력이 부족한 사람의 선거운동의 자유를 제한해 선거의 공정성을 확보하기 위한 공직선거법의 입법목적을 훼손했고 선거운동을 한 미성년자와 유권자들에게 부당한 영향을 미쳤다"라고 판결의 이유를 밝혔습니다. 2019년 12월 공직선거법 개정으로 만 18세 청소년이 선거권을 얻었지만, '16세 청소년'의 선거운동은 안 된다는 것입니다. 청소년이 자발적으로 선거운동을 했음에도 주변의 '어른'이 시켰을 것이라며 모든 청소년을 '정치적 판단 능력이 부족한 사람'으로 낙인찍는 판결이었습니다. 사회에서 정치적 표현을 하는 청소년에게 어떠한 제약을 가하는지 보여 주는 장면이기도 하죠.

이후 김찬은 기자회견에서 "만 18세 미만 청소년들은 공직선거법에 가로막혀 자신이 지지하는 정당이나 후보를 향해 지지를 호소하거나 자신이 지지한다는 사실을 밝힐 수 없다. 정치적 의사 표시는 선거권과 별개로 가장 기초적인 표현의 자유로 보장되어야 함에도 청소년들에게는 보장되지 않고 있다. …… 청소년도 당당하게 선거운동에 참여할 수 있고, 선거운동을 하고 나서도 누구에게도 미안해하지 않아도 되는 사회에 살고 싶다"라고 발언했습니다.[1]

청소년은 이미 정치에 참여해 왔는데도 사회는 아직도 청소년의 정치참여를 막아야 한다는 생각에 머물러 있습니다. 촛불청소년인권법제정연대가 2020년 전국 560개교를 대상으로 조사한 '학생의 정치적 권리침해 규칙 조사'에 따르면 집단행동, 정치참여, 학교장의 허락을 받지 않는 외부 활동 금지 등의 교칙이 있는 학교가 조사 대상 중학교 중 65.8%(208개), 고등학교 중 82.0%(178개)에 달했습니다.

'학교의 정치화'를 걱정하는 사람들이 내세우는 주장 중 하나가 '교사가 학생을 선동'할 수 있다는 우려입니다. 앞서 예로 든 판결문에도 비슷한 맥락의 생각이 담겨 있죠. 물론 교사나 학교가 특정 정치사상을 주입하는 방식으로 정치교육을 악용하는 것은 방지할 필요가 있습니다. 하지만 현재의 대응은 정치교육 악용의 방지 정도를 넘어 정치에 대한 언급 자체를 금지하는 것입니다. 학교가 정치적이면 안 된다는 말이 학생을 위한 것처럼 보일 수 있지만, 그 내면에는 청소년을 무시하고 차별하는 태도가 숨겨져 있습니다. 교사의 정치적 권리를 제한하는 일인 동시에 학생들을 함께 토론할 수 있는 동등한 시민으로 여기지 않는 거죠.

그런데 학교에서 오가는 정치적 발언을 어떻게 판단하고 어떤 의견에 동의할지는 각자의 몫이고, 이미 우리는 그렇게 하고 있지 않나요? 서울에 사는 한 고등학생은 인터뷰에서 다음과 같이 의견을 밝혔습니다. "어떤 선생님이 홍준표를 지지할 수도 있는 거고, 또 다른 선생님은 문재인을 지지할 수도 있는 거잖아요. 위험할 수도 있지만, 그런 얘길 다 듣고 싶어요. 언론사는 어느 정치인은 보수적이고, 어느 정치인은 진보적이라고 말해 주는데. 그런 것처럼 선생님도 그렇게 하면 안 되나? 그래야지 우리가 좀 더 사고가 다양해지고."

지금의 학교에서 청소년 대상으로 이루어지는 정치교육은 대부분 '나중'을 전제하는 경우가 많습니다. '민주주의사회에서는 국민의 정치참여가 중요하다'라고 배우지만, 정작 '지금 청소년인 나'는 배제되어 있죠. 상황이 이러하니, 선거철처럼 온 나라가 정치 이야기로 떠들썩할 때조차 청소년들은 이를 내 문제로 받아들이기가 쉽지 않습니다.

((여전히 낯설게만 느껴지는 정치, 공감하기 어려운 선거 교육))

오랜 기간 외쳐 왔던 선거권 연령 하향이 이루어졌습니다. 18세 선거권의 역사적 의미를 강조하며 청소년 참정권 운동을 펼쳐 온 이들의 감격과 기쁨이 큽니다. 하지만 정작 청소년들이 일상에서 달라진 공기를 체감하고 있을까요? 2020년 4월 치러진 국회의원 선거 때 언론이 첫 투표에 나선 18세 청소년들의 인터뷰를 보도하면서 반짝 주목했을 뿐, 이내 청소년 참정권 이슈는 수면 아래로 가라앉았죠. 청소년의 삶을 위한 공약을 구체적으로 내건 정당이나 국회의원 후보자들도 찾아보기 힘들었고요. 한마디로 선거 연령이 한 살 하향된다고 '마법 같은 변화'가 생겨나지는 않았습니다.

　여기에는 복합적인 이유가 존재합니다. 행정안전부의 주민등

록인구통계와 통계청의 2020년 인구총조사에 따르면 당시 새로운 18세 유권자가 55만 명[2] 가까이 출현했지만, 이들은 15~19세 청소년 인구 220만 명 가운데 일부일 뿐이고, 그 가운데 고등학교에 재학 중인 유권자는 16만 명[3]에 불과했습니다. 그러다 보니 그에 속하지 않는 십 대들이 '우리도 유권자'라는 변화를 체감하기도 어렵고, 전체 청소년의 삶에 영향을 미치는 전폭적 정책 변화를 기대하기도 어려운 것이죠. 청소년 대다수를 배제한 채 굴러가는 정치의 견고함은 여전하고, 청소년이 '공부나 열심히 하기를', '조용히 있어 주기를' 바라는 사회적 인식의 장벽도 만만치 않습니다. 법과 제도의 변화가 일부 이루어져도 십 대가 '나의 삶 가까이에 정치가 있다'고 인지하기 어려운 이유죠.

지난 2020년 총선을 앞두고 중앙선거관리위원회가 청소년 유권자들에게 선거법 교육용으로 배포한 만화에는 "무지한 새내기 유권자들에게 새로운 선거법을 깨우쳐 줘야"[4] 한다는 구절이 등장했습니다. '유머'를 가미한 만화적 설정이라고는 해도 국가기관이 발행하는 홍보물에서 쓰기에는 적절치 않은 말이죠. 과연 성인 유권자에게도 '무지하다'라거나 '깨우쳐 주겠다'라는 표현을 쓸 수 있었을까요? 이러한 사례는 투표권 유무를 떠나 청소년을 열등하고 미숙한 존재로 취급하는 사회를 투영합니다.

그런가 하면 중앙선거관리위원회가 청소년에게 첫 투표에 대해 안내하는 영상에는 중년 남성이 홀로 나와 40여 분 동안 투표하는 방법에 대해서만 설명했습니다.[5] 청소년들이 공감대를 찾기 어려운 인물이 등장해 투표의 '의미'가 아닌 '방법'에 대해서만 설명하는 영상이 처음 투표를 하는 청소년들에게 얼마나 가닿을 수 있었을까요? 이 영상이 보는 이의 관점과 경험을 구체적으로 고려했다고 보기는 힘듭니다.

제도가 일부 청소년을 유권자로 인정했지만 개정된 법에 걸맞은 선거 교육과 사회적 인식의 변화는 아직 뒷받침되지 않고 있습니다. 그렇다면 투표는 결국 종이에 도장 찍는 행위 이외의 의미를 획득하기 어렵습니다.

((**청소년의 삶에서 시작하는 정치**))

학교에서 정치 행위를 학칙으로 금지하고, 정치에 관심이 없어야 '행실이 바른' 청소년이라고 인정하는 사회에서 청소년이 정치를 가깝게 느끼며 적극적으로 정치 행위를 고민하기란 결코 쉽지 않을 듯합니다. 특히 청소년이 정치적으로 '순수'해야 한다는 통념은 청소년 당사자들에게 정치를 '내 삶의 변화'를 위해 필요한 일이 아닌 '관심 가질 필요 없는 남의 일'로 받아들이게 만들고 있으니까요.

이러한 조건 속에서도 "청소년은 정치에 관심이 없다"라고 단언하기 어려운 장면들 역시 존재합니다. 2020년 10월 발표한 중앙선거관리위원회의 〈제21대 국회의원선거 투표율 분석〉에 따르면, 18세 유권자 투표율은 67.4%로 전체 투표율인 66.2%를 웃도는 수치입니다. 청소년이 정치에 관심이 없다는 말, 그리고 청소년이 정치와 멀어지게 만드는 사회적 조건 등을 고려하면 조금은 뜻밖이죠. 청소년의 높은 투표율은 정치를 통해 이 사회에서 바꾸고 싶은 것이 많다는 의미 아닐까요?

우리 사회에는 '청소년이 정치에 관심이 있는지 없는지'보다는 '청소년이 어떤 정치적 영역에서 참여가 불허되었고, 또 그럼에도 어떻게 정치를 이어 가고 있는지'에 대한 질문이 먼저 울려 퍼져야 합니다. 청소년의 정치 행위가 어떤 식으로 호명되는지, 어떤 요구들은 왜 주목받지 못하는지, 또 좀 더 다양한 의제가 수면 위로 올라오려면 어떤 사회적 조건이 필요한지 등의 문제는 아직 본격적으로 공론의 장에 등장하지 않았습니다. 정치의 의미가 협소한 사회에서는 청소년의 정치적 가능성 역시 지워져 왔는지도 모릅니다.

학교에 다닐 때 저는 자기주장이 강하고 목소리가 큰 편이라 늘 '기가 센 여자' 취급을 받았습니다. 저와 기질이 비슷한 남학생에게는 '학생회장 감'이라는 식으로 추켜세우면서 말이죠. 여성이자 청소년으로서 억울하고 짜증 나는 일이 많았지만, 당시엔 그걸 뭐라고 표현해야 할지 몰랐어요.

그러다 페미니즘과 청소년 인권을 만나고 공부하면서 제 경험을 비로소 말로 설명할 수 있게 되었습니다. 학내 성폭력 문제를 해결하기 위한 스쿨 미투 활동을 함께하면서는 '왜 우리는 피해에 대해서는 말할 수 있지만 권리에 대해서는 말할 수 없지?' 하고 고민하게 되었어요. 폭력으로부터 안전한 학교를 만들려면 학생들이 학교에서 말할 힘이 있어야 하고, 학교에서 말할 수 있으려면 사회에서도 말할 힘이 있어야 한다고 믿었거든요. 청소년이 말할 수 없는 정치, 청소년이 투표할 수 없는 정치는 안전하고 평등한 일상도 고민할 수 없게 한다는 생각도 하게 되었고요. 이런 고민과 함께 청소년 참정권 운동에 자연스럽게 합류하게 되었습니다.

2019년 11월 23일 여의도 국회 앞에서 열린 집회[6] 무대에서 저는 이렇게 말했습니다. "청소년의 일상에는 무수한 차별과 폭력이 존재합니다. 우리 모두가 경험하거나 목격했을 학교폭력부터 작년 한 해를 뒤덮었던 스쿨 미투, '어리다는 이유만으로' 겪어야 하는 멸시와 시혜까지. 청소년을 향한 폭력은 보호라는 이름하에 묵인되고 때로는 사회적으로 용인되기까지 합니다. 청소년들에게 구시대적이고 차별적인 사회의 대우를 주체적으로 바꿔 낼 힘이 필요합니다. 우리의 하루와 일상을 바꾸기 위해, 바로 지금 우리를 위한 공약을 만들고, 우리를 위해 말할 정치인을 뽑을 권리, 무엇보다 우리의 정치적인 말하기를 시작할 권리가 필요합니다."

그리고 많은 이들의 노력 끝에 그해 12월 선거권 연령이 만 18세로 낮춰졌습니다. 자기 삶에서 시작한 청소년의 말하기가 정치적 힘이 되어 실제로 제도 변화를 이끌어 낸 순간이죠. 그러나 의미 있거나 원하는 결과가 당장 나오지 않는다고 해도 말하기를 계속하는 것이 중요합니다. 청소년이 일상에서 느끼는 삶의 불평등을 사회에 등장시키는 것 자체가 의미 있고, 그 과정 역시 정치니까요.

이길보라는▶ '약자'로 일컬어지는 사람들이 마주하는 삶의 무늬와 그들이 품고 있는 힘을 작품에 담아내는 영화감독이자 작가입니다. 그는 21명의 여성 정치인 이야기를 엮은 책《여성, 정치를 하다》를 신문 지면에 소개하며 이 책에 등장하는 두 인물에 대해 이렇게 말합니다. "장애를 '극복'한 여성으로서 살기를 거부하고 인종차별 비판과 여성의 참정권 획득을 주장하며 목

▶ 베트남전쟁을 다룬 <기억의 전쟁>, 코다(CODA, Children of Deaf Adults의 줄임말. 농인 부모의 자녀)로서 청각장애인 부모와 함께 살아가는 자신의 이야기를 담은 <반짝이는 박수 소리> 등의 다큐멘터리를 제작했다.

소리 높였던 헬렌 켈러", "천방지축 좌충우돌의 여자 어린이 '말괄량이 삐삐'를 창조하고 약 110편의 작품을 발표함과 동시에 현실 정치에 관여하며 아동과 동물복지 권리를 위해 싸웠던 작가 아스트리드 린드그렌"[7]이라고요. 사회복지사로, 동화작가로 많은 사람에게 알려져 있는 이들이 '삶의 정치'를 한 정치인이라는 의미를 담은 것입니다. 이길보라는 다음과 같이 덧붙입니다. "정치인만 정치를 하는 것이 아니다. 우리는 이미 권리를 찾기 위한 정치를 하고 있다." 꼭 정치를 직업으로 삼거나 국회에 진출하지 않더라도 각자의 권리를 되찾고자 하는 투쟁이 존재하고, 그 자체가 정치일 수 있다는 거죠.

2021 도쿄 올림픽을 멋지게 치른 안산 선수가 짧은 머리로 '페미니스트 논란'에 휩싸이자 그저 "편해서"라고 대답한 것, 개인이 공장식 축산 등을 거부하며 비건(vegan)을 지향하는 일, 학생들이 성차별적이고 폭력적인 교실에 의문을 품고 문제 제기를 하는 것도 모두 정치입니다. 정치의 폭을 넓혀 가는 과정에서 기성 정치에 갇혀 있던 '정치'라는 두 글자의 의미가 더 자유롭고 다양해질 수 있습니다. 이렇게 삶을 바꾸고 사회를 바꾸는 정치가 국회뿐 아니라 사회 곳곳에서 펼쳐지고 있습니다. 우리 곁에서 벌어지고 있는 가깝고도 다양한 정치를 주목하고 인정해야 할 때입니다.

각자의 자유와 권리를 위해 정치해

빈 말풍선을 채워 봅시다.

내 삶을 대변하는
정치를
본 적 있나요?

((평균 55세, 남성, 엘리트, 직업 정치인의 국회))

국회의원을 흔히 '국민의 대표'라고 합니다. 국민들이 투표로 직접 국회의원을 선출하고, 국회의원은 국민을 대표해 법률을 제정하고 국정을 심의하죠. 국회의원들이 스스로를 '국민의 일꾼'이라고 지칭하는 모습 역시 심심치 않게 볼 수 있습니다.

그렇다면 실제로 어떤 이들이 국회의원을 이루고 있을까요? 2020년 4월에 선출된 21대 국회의원 당선자의 평균 연령은 54.9 세입니다. 20대 국회에 이어 역사상 두 번째로 나이가 많은 국회죠. 남성 국회의원은 243명, 여성 국회의원은 57명으로 8대 2 수준으로 남성이 많습니다. 서울대·연세대·고려대를 묶어 부르는 일명 'SKY' 출신이 총 103명입니다. 3명 중 1명은 SKY 출신인 셈이죠. 게다가 대학 졸업자가 100%입니다. 출신 직업을 살펴보면 국회의원 121명(40.3%), 정당인 109명(36.3%)으로 직업 정치인이 압도적이고요.[8]

'SKY' 출신 엘리트, 50대 남성, 직업 정치인이 대다수인 국회가 국민들의 다양한 목소리를 담아낼 수 있을까요? 매번 비슷한 배경을 가진 사람들만 국회의원으로 등장한다면 한국 사회에는 그만큼 새로운 정치의 상상력을 펼칠 가능성이 줄어들고 있는 겁니다.

사실 정장 입은 50대 남성의 얼굴을 한 국회가 비단 21대 국회만의 문제는 아닙니다. 국회에는 권위와 경력, '높은' 사회적 지위를 지닌 사람들만이 들어가야 한다고 여기는 생각은 오랜 통념입니다. 중앙선거관리위원회에 따르면 13~21대(선거일 기준 1988~2020년) 국회의원 총당선자 2,439명 중 여성은 242명으로 9.9%에 불과합니다. 연령대로는 50대의 비율이 1,226명, 50.6%로 가장 높습니다. 2020년 통계청의 인구조사에 따르면 전 인구 중 50대의 비율은 16.6%에 불과한데도 말이죠.

특히 이렇게 천편일률적인 구성은 국회를 '어렵고 엄중한 곳'으로 만드는 데 영향을 끼치기도 합니다. 대표적으로 국회 내의 복장 문제가 있었는데요. 2003년 당시 유시민 전 의원은 이른바 '백바지'를 입고 의원 선서를 하려다 큰 반발에 부딪혔습니다. 의원 선서는 총선거 후 처음으로 열리는 국회에서 당선인이 헌법을 준수하고 성실히 일하며 책임을 다할 것을 다짐하는 의례입니다. 면바지를 입은 유 전 의원이 선서를 위해 단상에 오르자 다른 의원들이 복장에 항의한다는 의미로 본회의장에서 퇴장했습니다.[9] 그때나 지금이나, 국회의원이 면바지를 입고 선서를 하면 안 된다는 주장의 합리적 근거를 찾기는 어렵습니다. 법적으로 국회의원에 대한 복장 규정은 존재하지 않습니다. 하지만 동료 의원들의 비난이 언론에 보도되며 논란이 일었고 그는 결국 이튿날 정장을 차려입고 다시 선서를 해야 했죠.

2020년 류호정 의원은 원피스를 입고 국회에 등원했습니다. 이에 대해 공개적으로 문제를 제기한 의원은 없었지만, 기사가 보도되면서 인터넷 공간에서 '소개팅 나가냐', '노래방 도우미냐' 등 나이와 성을 문제 삼는 차별적 공격에 휩싸였습니다. 이런 비난에 대해 류 의원은 "50대 중년 남성 위주 국회에서 20대 여성 의원은 '낯선 존재'다. 낯선 존재가 뭘 하니까 자꾸 '소란'으로 보는 듯하다. 국민 중엔 청년, 여성, 노동자도 있는데 내 존재가 낯설다는 것은 그만큼 국회가 우리 사회의 다양성을 반영하지 못한다는 얘기다"[10]라며 자신의 생각을 밝혔습니다.

국회가 국회의원들의 직장이라고 생각하면 원피스나 면바지 차림이 그리 이상하거나 비난받을 일은 아니죠. 국회의원의 조금 다른 옷차림에 반감을 가지는 사람이라면, 국회의원은 양복바지를 입고 넥타이를 맨 사람이어야만 한다는 고정관념을 갖고 있는 것은 아닌지 생각해 볼 일입니다. 17년이 지난 지금까지 이어지는 국회의원 복장 논란은 정장 차림으로 대표되는 국회의 권위주의를 보여 줍니다. 그간 다수를 차지했던 정치인과

는 다른 모습을 한 정치인에게 우리 사회가 익숙하지 않다는 것을 드러내는 사례이기도 합니다.

내 현실을 반영하지 못하는 정치

국가의 법을 정하는 입법기관인 국회가 중년 남성 엘리트를 중심으로 구성된다면, 다양한 시민의 요구가 반영되기 어렵습니다. 사회에서 소위 '기득권자'라고 불리는 사람들로만 구성된 국회에서 그 외의 시민들을 누가 대변할 수 있을까요? 그들이 과연 비정규직의 고용불안, 성소수자가 맞닥뜨리는 혐오, 청년 주거권, 학벌주의, 연령 불평등 등의 문제에 고루 관심을 기울일 수 있을까요?

청소년의 일상과 관련된 국가의 결정에 청소년의 의견이 얼마나 반영되고 있는지를 여실히 보여 주는 사례가 있습니다. 코로나19 바이러스로 인해 등교가 중단되었던 2020년 5월, 교육부는 학생들의 등교 재개를 결정했다고 발표했습니다. 당시 유은혜 교육부 장관은 기자회견에서 학생들의 의견은 어떻게 수렴했느냐는 기자의 질문을 받았습니다.

교육부 장관은 "학생들의 의견은 선생님들이나 부모님들처럼 별도의 여론조사나 설문조사를 하지 못했다"라면서 "학부모와 선생님의 의견에 일정 학생의 의견이 반영됐을 것이라고 생각하고 있다"라고 밝혔습니다.[11] 교육정책을 관장하는 정부 부처에서 학생 당사자의 의견은 묻지도 않고 등교 지침을 정한 것입니다. '학부모와 교사의 의견에 학생의 의견이 반영되었을 것'이라는 답변에는 비청소년이 청소년을 대변할 수 있다는 생각이 담겨 있습니다. 이에 대해 여론의 비판이 거세지자 2021년 6월에 실시된 '2021학년도 2학기 등교 확대 관련 설문조사'에는 학생이 조사 대상으로 참여할 수 있었죠.

또 한 가지 예를 볼게요. 청소년의 심야 시간 게임 이용을 제한하던 이른바 '게임 셧다운제'는 처음 제도가 시행된 지 10년 만인 2021년 11월에 폐지됐습니다. 이 제도는 청소년보호법을 근거로 '청소년의 수면권과 학습권을 보장'한다는 명목 아래 오랜 시간 이어져 왔습니다. 만약 청소년의 의사를 대변하는 이가 국회에 있었다면 청소년의 자기결정권을 침해하는 이 법이 과연 10년 동안이나 존재할 수 있었을까요?

게임에 비해 독서실 같은 경우는 별다른 운영시간 규제가 없습니다. 운영시간을 규제하는 일부 지역도 있지만, 이 역시 교육장(監)이 승인하면 시간 규제 없이 운영할 수 있습니다. 마찬가지로 공부 공간으로 사용되는 스터디카페 같은 경우에는 아예 규제가 없죠. 같은 야간이라 해도 어떤 경우에는 '청소년의 수면권을 보장하기 위해' 정부가 적극적으로 나서지 않고 있는 셈입니다. 게임 셧다운제 폐지는 환영할 만한 일이지만, 청소년보호의 기준은 과연 누가 정하는지, 그 보호가 정작 청소년에게 도움이 되는지, 법을 만들거나 정책을 시행할 때 청소년은 왜 그 자리에 초대받지 못하는지 물음표는 여전히 남습니다.

((정치적으로 중요한 문제가 따로 있나요?))

삶과 연결된 중요한 문제를 다룰 때조차 청소년의 의견을 경청하지 않기에, 청소년이 정치가 삶을 대변한다는 감각을 갖기란 어려울 수밖에 없을 듯합니다. 하지만 이 장벽을 넘기 위한 시도 역시 계속되어 왔습니다.

2020년 청소년 페미니스트 네트워크 '위티'에서 진행한 〈안녕, 국회〉 프로젝트는 사회적으로 '사소하게' 여겨져 왔던 여성 청소년의 삶에 밀착한 의제들을 다루었습니다. 2020년 총선에 출마한 후보들과 청소년 인권 활동가들이 만나 서로의 생각을 나누고 이 내용을 영상과 글로 전하는 프로젝트였죠. 이들이 나눈 이야기는 청소년의 '참정권', '섹슈얼리티', '자립', '미투'처럼 국회에서는 잘 다뤄지지 않는, '기성 정치인들의 관심과 멀어 보이는' 것들이었습니다. 이 자리에서 위터는 정치가 여성 청소년의 삶과 어떻게 맞닿아 있는지 살피고, 21대 국회에 무엇을 요구할지 논의했죠.

이 프로젝트 영상에 등장하는 신민주, 성지수, 장혜영 후보는 모두 20, 30대의 여성 정치인입니다. 자리에 함께한 활동가들은 시민사회에서 청소년운동을 해 온 사람들이고요. 국회에서는 좀처럼 만나기 어려운 정체성을 가진 이들이 '중요하지 않다고' 여겨져 온 주제에 대해 함께 이야기 나누는 모습은 그 자체로 정치의 새로운 가능성을 제시했습니다. 누가 정치를 하고 있는지, 정치라고 불리는 이야기는 무엇인지를 새롭게 구성하는 장면이니까요. 이들은 각자의 생각과 관점을 제시하는 과정에서 정치인이 꼭 국회에만 있지 않다는 걸 보여 줍니다.

장혜영은 장애인들이 시설에서 벗어나 지역사회에서 자립해서 살 권리를 이야기해 온 정치인입니다. 활동가 '양말'은 학교생활이 자신의 삶에서 '큰 변환점이 될 수 없다'라는 생각에 탈학교를 결정한 경험이 있습니다. 양말은 소수자들이 '탈'할 수밖에 없게 만드는 사회적 보호망에 대해 "우리를 격리하고, 우리의 목소리가 들어가지 않은 보호가 과연 보호라고 할 수 있는가?"라고 묻습니다. 장혜영은 "정말 보호가 필요한 순간들"에 "시민의 권리를 보완하는 것"으로 접근하는 것이 아니라 "취약하므로 더 취약한 곳으로 가게 되는 구조들"에 주목하자고 말합니다.[12]

〈안녕, 국회〉는 이렇게 기성 정치의 암묵적 규칙들을 부수고, 정치에서 제외되어 온 존재들의 일상을 정치로 끌어온다는 점에서 유의미한 프로젝트입니다. 불완전하므로 주체적으로 살아갈 수 없고, 누군가를 통해서만 말할 수 있다고 여겨졌던 존재들의 이야기가 맞닿는 광경이죠.

그런가 하면 강원 지역 청소년들이 2020년 총선에서 지역구 후보자들에게 공약에 대한 질의 사항을 직접 짜서 인터뷰를 진행한 영상 프로젝트 〈투표하자, 18〉은 선거권 연령 하향이 이뤄낸 쾌거입니다. 하향 이전에 이 프로젝트를 진행했다면 선거법 위반이었을 테니까요. 흔히 '표가 되지 않는다'라는 이유로 무시당했던 청소년들이 선거권 연령 하향으로 유권자가 되자 후보들은 너나없이 인터뷰 요청을 승낙했습니다. 정치적 표현도, 선거운동도 금지되던 청소년들이 유권자가 되면서 후보들에게 질의하는 입장이 된 거죠.

질문자로 참여한 청소년들은 여러 후보를 만나며 학교운영에 청소년의 참여를 늘릴 방안, 선거권 연령 하향 이후 제기된 우려에 대한 생각, 그 외 청소년을 위한 공약 등 청소년 참정권과 밀접한 질문들을 던집니다. 이 기록은 페이스북 페이지 등 SNS에

업로드되어 현재도 찾아볼 수 있습니다.[13]

프로젝트 기획자 중 한 사람인 서한울은 '18세 유권자들의 투표에 도움이 되면 좋겠다' 하는 마음이었다고 합니다. 〈투표하자, 18〉은 청소년 유권자들에게 보다 '가까운' 선거 교육을 제공할 뿐 아니라 정치에 청소년이 개입하는 방식에 대한 새로운 상상력을 제시합니다. 그리고 그간 정치적 주체에서 제외되어 왔던 이들이 어떻게 정치를 일상으로 끌어오고 있는지 구체적 장면을 만들어 내죠.

저는 청소년 참정권 운동을 하며 기자들과 인터뷰한 경험이 여러 번 있습니다. 그때마다 반복해서 받았던 질문이 있어요. "첫 투표를 하게 된 소감이 어떻냐", "또래 친구들은 정치에 관심이 있냐"라는 물음입니다. 나중에는 기자들이 할 예상 질문을 줄줄 외울 지경이었죠. 틀에 박힌 듯 똑같은 질문에 대답하고 있노라면 유권자로서 정치적 의사 표현을 한다기보다는 '생애 첫 투표를 하는 새내기 유권자' 프레임에 갇힌 기분이었습니다.

반면 〈안녕, 국회〉 프로젝트는 청소년이 단순히 투표권을 얻은 사람으로서만 존재하는 것이 아니라 정치인과 동등한 자리에서 삶에 필요한 정치가 무엇인지 의견을 나눌 기회가 되어 주었어요. 늘 어렵고 먼 이야기만 하는 것 같았던 정치인과 만나 청소년이 삶에서 겪고 있는 현재의 문제에 대해 논의했다는 사실 자체가 새롭고 신기했죠.

물론 〈안녕, 국회〉와 〈투표하자, 18〉 프로젝트는 청소년 정치에 대한 새로운 가능성을 보여 준 동시에 한계를 확인한 사례이기도 했습니다. 서한울은 프로젝트 중 한 장면을 떠올리며 이런 말을 남겼습니다. "마지막에 하고 싶은 말을 물어보면 '뽑아 주세요'라고 답할 줄 알았거든요. 근데 뭐라 했더라? '이렇게 살아라', '열심히 살아라' 이런 이야기를 하셨어요. …… 우리가 유권자가 아니라 자식 대하듯이 알려주려고 하고 …… 자기 어필을 하는 게 아니고." 청소년을 유권자가 아닌 그저 '자식' 대하듯 하는 후보의 태도는 선거권 연령 하향이 이루어졌다고 곧장 청소년의 권리가 향상되거나 청소년의 정치가 당연하게 여겨지지는 않는다는 것을 보여 줍니다.

((다양한 국회가 다양한 목소리를 담을 수 있다))

물론 어떠한 문제의 '당사자'라는 것이 모든 것을 해결하지는 않습니다. 여성만이 여성을, 청소년만이 청소년을, 대학에 가지 않은 사람만이 대학 비진학자를 대변하는 건 아닌 것처럼요. 하지만 다양한 사람들이 국회에 자리 잡는 일은 분명 필요합니다. 여성 성소수자, 남성 장애인, 고졸 비정규직 등등 사회 구성원의 다양한 삶의 배경이 정치에 반영될 때 시민 각 사람의 이야기에 귀 기울이는 정치인도 늘어날 테니까요.

이런 관점에서 생각하면 최근 정치권에서 목소리 높여 주장하는 '청년 정치'의 중요성은 사실 반쪽짜리에 가깝습니다. 기존 정당과 언론이 말하는 청년 정치는 대부분 국회에 '능력 있고, 혁신적이고, 활기 넘치는' 청년들이 필요하다는 이야기에 머무릅니다. 하지만 우리 사회에 그런 청년들만 있는 것은 아닙니다. 오히려 아주 소수의 청년만이 그런 조건들을 갖출 수 있죠.

20대 국회의원을 선출했던 2016년 총선에서는 "1% 금수저 정치를 끝내겠다"라며 '흙수저당' 청년 후보들이 대거 출마했습니다. 16년간 알바를 전전하거나, 학자금대출을 받아 겨우 졸업했는데 취직이 되지 않는다는 청년들이 직접 출마했지만, 모두 낙선했죠. 사실 고학력, 남성, 비장애인, 고소득자 청년보다는 흙수저당의 후보들처럼 학자금대출 상환에 힘겨워하고, 졸업 후 취직을 고민하는 청년들이 이 사회에는 더 많습니다. 하지만 그럼에도 왜 이들은 국회로 들어가지 못했을까요? '젊어져야' 한다는 국회는 왜 아직도 50대의 평균 연령을 고수하고 있을까요? 국회에서 필요로 하는 정치하는 청년의 상이 고정되어 있는 한, 이들 청년은 국회의 다양성을 높이는 것이 아니라 '유능하고 능력 있는' 청년의 모습만을 보여 줄 뿐이죠.

어떤 이에게 꼭 한 가지 정체성만 존재하는 것은 아닙니다. '청년 정치인'이라 해도 여성, 장애인, 고소득자, 저학력자, 성소수자 등 여러 가지 정체성이 한 사람 한 사람의 삶을 구성합니다. 여성 청년들은 디지털 성폭력의 문제에 관심이 높지만 남성 청년들은 상대적으로 그렇지 않고, 청년을 위한 사회주택이 조금씩 늘어나고 있지만 막상 장애인 청년이 입주할 주택은 찾아보기 힘든 경우도 많아요.

청년에 대한 상을 획일적으로 정해 놓고 거기에 꿰맞추는 정책에는 한계가 있을 수밖에 없습니다. 청년이라 해도 기존 정치의 틀을 벗어나지 못하는 사람이 있을 수 있고, 비장애인이면서 장애인 차별 철폐에 힘쓰는 사람도 있을 것입니다. 다양한 정체성을 가진 이들이 국회에 들어갈 때 더 넓고 다채로운 국회가 만들어질 수 있고, 그만큼 더 많은 시민을 대변할 확률도 높아질 것입니다.

정당에서
활동하는
청소년이 있다고요?

정당에 참여할 권리, 청소년도 예외일 수 없다

- 나의권리를주장한당 공약: ①자유학년제 주제 과목 확대 ②학생자치권 확대 방안 모색 ③분기별 청소년 설문조사를 통한 문제점 모색 및 캠페인
- 두드림당 공약: ①청소년의 날 지원 확대 ②아동·청소년 진로 프로그램 진행
- 여기청소년있당 공약: ①학교 밖 청소년 교육 참여 수당 제도 도입 ②학교 밖 청소년을 위한 연말 앨범 프로젝트 진행
- 노동나동당 공약: ①'근로계약서 작성 의무화 조례' 신설 ②'참정권 교육 활성화 지원 조례' 개정

만약 여러분 앞에 위 네 정당의 홍보물이 놓인다면, 어느 정당에 한 표를 행사하고 싶은가요? 여러분의 마음을 잡아끄는 정당이 있나요? 원하는 것을 대변하는 정당이 없다면 어떻게 하면 좋을까요? 광주광역시의 아동·청소년의회에는 시에 거주하는 9세 이상의 어린이와 청소년이라면 누구나 창당하거나 입당할

수 있는 정당이 있습니다. 위 네 개의 정당은 그중 일부입니다. 관심 분야가 비슷한 어린이나 청소년이 모여서 해당 분야에 대해 연구하고 정책을 발굴하는 정당 활동을 펼치는 거죠.

여러분은 위 정당들의 이름과 공약 사항을 보고 어떤 생각이 들었나요? '개성 있다', '재미있게 지으려고 했네', '필요한 공약을 잘 짚었네' 등 다양한 반응이 있을 듯합니다. 저는 기존의 정당이나 정치라고 할 때 느껴지는 딱딱함이나 거리감을 없애고 정당의 지향이나 역할을 누구나 알기 쉽게 만들었다는 생각이 들었습니다. 정식 정당은 아니지만, 청소년들 스스로 정당을 만들어 활동할 수 있고 청소년에게 친화적인 정치문화를 만들기 위한 시도라는 점도 인상 깊었고요.

민주주의 정치체제에서 '정당'은 국민이 정치적 견해를 드러내고 소통하면서 이를 정치나 정책에 반영할 수 있도록 힘을 발휘하는 중요한 통로입니다. 그런 정당이 우리나라에는 몇 개나 있을까요? 중앙선거관리위원회에 의하면 2021년 12월 기준으로 49개이며, 6개 정당이 창당을 앞두고 있습니다. 이 가운데 30% 정도는 2020년 1~3월 사이 선거관리위원회에 등록했어요. 그해 4월의 21대 국회의원 선거를 앞두고 결성된 거죠. 기존 정당을 통해 내가 원하는 정치를 할 수 없으니 직접 나서겠다는 사람들의 의지가 선거철 창당으로 드러난 것일 수도 있고요.

더 많은 청소년에게 선거권을!! 학생 자치권 확대!

나의 권리를 주장한당

8.12 청소년의 날 지원 확대!

두드림당

학교밖 청소년 교육 수당 제도 도입!!!!

여기 청소년 있당

청소년 노동 인권 조례 신설

노동 나동당

사람들이 정당을 만들거나 가입하는 이유는 다양합니다. 내 삶이나 요구를 대변하는 정당이 없을 때 정치적 입장이 비슷한 사람들이 모여 정당을 설립하기도 하고, 기존 정당이 추구하는 정책의 방향이 마음에 들어, 혹은 사회의 다양한 이슈에 내 목소리를 보태기 위해 정당 활동을 시작하기도 합니다. 학교나 가정에서는 학교 수업과 관련된 내용 이외의 사회문제, 예를 들면 기후위기나 미투 등 자신의 관심사에 대해 더 배우고 토론할 기회를 만나기 어려워 정당에 관심을 갖기도 하죠.

청소년들 가운데서도 정당에 가입해 활동하는 사람들이 있습니다. 정의당 예비당원협의체 '허들'의 문준혁은 학교에 학생인권 개선을 요구해도 응답이 없자 '정당 활동을 하면 이런 문제를 해결할 수 있지 않을까?' 하는 생각에 활동을 시작했다고 합니다.[14] 중학교 때부터 노동당에 가입해 활동해 온 김찬은 '원하는 모습의 사회를 만드는 움직임에 함께하고 싶어서' 정당에 참여하고 있다고 밝혔죠.[15]

더불어민주당의 청소년분과위원회에서 활동하는 김가진 또한 2016년 말 박근혜 전 대통령의 국정농단 사건을 계기로 정치에 관심을 가지면서 정당 활동을 조금씩 해 나갔습니다. 인터뷰에서 만난 그는 정당 활동을 하면서 청소년 참정권으로 고민의 영역이 넓어졌고 자신이 중요하게 여기는 문제를 정당의 중점

과제로 만들기 위해 노력했다고 말했습니다. "정당에 가입하면, 정치인들이 내 얘기를 들어줄지 안 들어줄지는 모르지만 내 의견을 정치인에게 바로 피력할 수는 있잖아요. 정치인을 많이 만날 수 있고 독대할 시간도 가질 수 있으니까 의견을 나눌 시간, 기회도 생기는 거죠." 국민 누구나 정당을 통해 자신이 중요하게 생각하는 문제를 공론화하고 정책이나 제도로 만들어 갈 권리가 있습니다. 청소년도 예외일 수 없고요.

((청소년의 정치를 두려워하는 사회))

한국은 오랫동안 정당법에서 정당의 당원 및 발기인의 자격을 '국회의원 선거권이 있는 자'로 정해 왔습니다. 발기인이란 어떤 정당을 만들겠다고 중앙선거관리위원회에 알리고 등록 절차를 밟을 수 있는 사람을 가리키고, 당원은 정당에 가입해 구성원이 된 사람이죠. 만 18세 미만의 아동이나 청소년은 선거에 참여할 수 없음은 물론 정당에도 가입할 수 없는 셈입니다. 그래서 정당에서 활동하는 청소년들은 정식 당원이 아닌 '예비 당원'이었어요. 녹색당과 노동당처럼 청소년도 정식 당원으로 인정하고 동등한 권리를 부여하는 정당도 물론 있었지만요. 이들 정당은 나이를 이유로 정당 가입을 제한하는 정당법에 불복종으로 맞선 것이라고 할 수 있겠네요.

다행히도 2021년 12월 31일 국회의원 선거와 지방선거 피선거권 연령을 만 18세로 낮추는 공직선거법 개정안이 통과되었습니다. 선거권은 선거에 참여해 투표할 수 있는 권리고, 피선거권은 선거에 입후보해 당선인이 될 수 있는 권리죠. 이에 따라 정당 가입 연령도 낮춰야 한다는 지적이 이어졌습니다. 만 18세인 사람이 총선이나 지방선거에서 정당을 대표하는 후보자가 되려면 그 이전에 이미 정당에 가입해 활동 경험을 쌓아야 하니까요. 이렇게 공인된 정당에서 선거에 출마할 당원으로 공식적으로 추천하는 일을 '공천'이라고 합니다.

여기에 청소년의 정치적 권리를 보장하라는 사회적 여론이 더해져 2022년 1월 11일 정당에 가입할 수 있는 연령이 만 18세에서 만 16세로 낮추어졌습니다. 이제 만 16세 이상이면 누구나 정당의 발기인이나 정식 당원이 될 수 있는 거죠. 그런데 18세 미만의 청소년이 정당에 가입하려면 법정대리인의 동의서를 함께 제출해야 한다는 단서가 붙었습니다. 만약 부모 등 법정대리인이 청소년의 정당 활동을 반대하거나 해당 청소년과 다른 정당을 지지한다면 그를 설득해야 정당에 가입할 수 있게 되는 거죠. 청소년의 정치참여 폭이 확대되었다고는 하나 나이를 이유로 하는 제한은 여전히 유지된 셈입니다.

대한민국의 헌법은 결사의 자유를 기본권으로 보장합니다. 누군가 단체를 만들거나 어느 단체에서 활동할지를 결정하는 것은 개인의 자유죠. 일반적으로 시민단체나 각종 모임 등에 가입할 때는 연령을 제한하지 않는데 왜 정당만은 나이를 가입 기준으로 삼는 걸까요? 헌법에서 보장하는 기본권을 제한하면서까지 청소년과 정치를 멀리 떨어뜨려 놓으려는 이유는 무엇일까요? 청소년에게 정당 가입을 허용하면 부모 등 주변 어른의 영향을 받아 당을 선택하고 그 당의 정치 논리에 휩쓸릴 것이라고 주장하는 사람이 많습니다. 과연 그럴까요? 다른 나라의 경우를 한번 살펴볼까요?

독일의 정당 가입 연령을 보면 기독민주연합은 만 16세 이상, 사회민주당은 만 14세 이상입니다. 영국의 경우 노동당은 만 14세이고, 보수당은 나이 제한을 두고 있지 않아요. 가입 기준은 정당이 당의 규칙에 따라 정하는 것일 뿐 법으로 제한하지는 않죠. 정당을 만들고 운영하는 것은 정당 구성원들이 자율적으로 결정할 문제라고 보기 때문입니다.

이런 나라들에서는 청소년이 정당 활동에 참여하는 게 낯선 일이 아닙니다. 19세에 세계 최연소 국회의원이 된 독일의 안나 뤼어만을 비롯해 34세에 핀란드 총리가 된 산나 마린, 39세 나이로 프랑스의 역대 최연소 대통령이 된 에마뉘엘 마크롱 등 젊은 정치인이 등장할 수 있었던 배경에는 십 대도 정당 가입 및 정치참여가 가능한 사회문화가 자리 잡고 있죠.

종종 정치권에서는 '왜 우리나라에는 다른 나라처럼 젊은 정치인이 나오지 않는가'라며 아쉬움과 부러움을 표하곤 해요. 그런데 앞서 예로 든 나라의 '청년 정치인'들은 어느 날 갑자기 혜성처럼 등장한 것이 아닙니다. 어려서부터 정치적 역량을 키울 수 있는 조건과 기회가 그 사회에 잘 갖춰져 있었기에 비교적 젊은 나이의 정치인들이 탄생할 수 있었던 거죠. 다른 나라의 젊은 정치인을 부러워만 할 것이 아니라 그 일을 가능하게 한 구조와 방식을 배워야 하는 이유입니다.

2017년 12월 촛불청소년인권법제정연대는 '청소년 정당 활동 권리 요구를 위한 제 정당 입당 원서 제출' 퍼포먼스를 펼치며 정당들의 문을 두드렸습니다. 당시 국회의원을 배출한 5개 정당의 사무실을 방문해 입당 원서를 제출한 것인데요. 나이로 정치적 권리를 제한하는 것이 과연 옳은 일인지, 정당이 말하는 '국민'에서 빠져 있는 사람들은 누구인지, 정당 내에 청소년의 자리는 왜 없는지, 정당은 이 문제를 해결하기 위해 어떤 노력을 하고 있는지 질문하기 위한 일종의 항의 방문이었습니다. 정당 가입 연령 폐지는 2017년 5월에 당선된 문재인 대통령의 공약이기도 했기에 정치권의 노력을 재촉하려는 목표도 있었고요.

대부분의 정당이 호의적이었던 데 반해 한 정당에서는 입당 원서를 받지 않았다고 해요. "애들이 뭘 안다고."[16] 당시 입당 원서를 거부했던 정당의 당직자가 던진 말입니다. 청소년은 어차피 선거에서 표로 연결되지 않으니 관심을 쏟지 않아도 되는 존재라는 인식, '애들이 벌써 무슨 정치야?' 하는 사회적 편견과 혐오를 그대로 드러낸 겁니다.

"학생이 나왔네. 네가 정치를 알아?" 녹색당 청소년 당원들이 21대 국회의원 선거운동을 진행하는 과정에서 몇 차례나 반복해서 받은 질문이었다고 합니다. 이 당의 당직자로부터 전해 들은 이야기입니다. 선거운동을 하는 어떤 비청소년도 받지 않았을 이 질문 앞에서 청소년 당원은 어떤 마음이었을까요? 이 말에는 '어린 것들은 정치를 모른다'라는 무시와 '여기는 네가 있을 곳이 아니다'라는 자격 미달 선고가 포함되어 있습니다. 청소년을 대하면 사람들은 나이에 기초한 자격 검증부터 시도합니다. 청소년과 정치 사이에는 '머리에 피도 안 마른 것들이 무슨 정치를 해?', '권모술수가 난무하는 정치판에 벌써 애들이 들어올 필요가 뭐 있어?' 하는 통제와 금지가 가득하죠.

그런가 하면 부모님의 반대로 당 활동에 어려움을 겪는 청소년도 있습니다. 인터뷰에서 만난 한 당직자는 청소년 당원이 가정에서 정치와 거리를 두라는 압력을 받고 그만두는 경우도 많다는 이야기를 전했습니다. 2020년 당시 한 정당의 청소년위원회 대표였던 청소년은 부모님이 모두 같은 당 당원이었음에도 활동을 반대해 잦은 갈등을 빚었고, 그 이유로 결국 대표에서 물러났다고 해요. 가장 큰 반대 이유가 '정치에 빠지면 안 된다'였다고 하니, '청소년 정치'에 대한 혐오가 우리 일상에 얼마나 광범위하게 자리 잡고 있는지 알 수 있죠. 사회 인식이 이렇다 보니 청소년 당원들은 기자회견이나 당 행사 등 공개된 자리에서 자신을 드러내기가 어렵습니다. 적극적 정치참여를 위해 당에 가입했는데, 다시 한번 제약을 받는 상황에 부딪히는 것입니다.

((당원인 듯 당원 아닌 청소년 당원))

사실 청소년 당원 제도가 있는 정당이라고 해서 청소년을 바라보는 관점이 크게 다른 것도 아닙니다. 어떤 정당은 '청소년 참정권 보장이 우리 당의 당론'이라고 이야기하면서도 이를 실천할 의지를 보이지는 않거든요. 청소년 참정권 보장이 외부에 내세우는 당론이라 청소년 당원 제도를 갖추고는 있지만, '청소년 지지포럼' 같은 별도 기구를 만들어 임시 지위만 내줄 뿐이니까요. 정당법이 규정하고 있는 청소년의 정당 가입 제한을 정치적으로 풀어내려 하기보다는 눈치만 보는 상황이라고 할까요? 그렇다 보니 청소년 당원은 비청소년 당원들과는 너무나도 다른 대접을 받습니다.

인터뷰에서 만난 한 청소년은 어느 진보 정당에 당원으로 가입했지만 당의 주요 책임자를 뽑는 선거에 참여할 수 없었다고 합니다. 정당이 주요 지도부를 선출하고 당의 운영 방안을 결정하는 회의를 '전당대회'라고 하는데요. 그는 이와 같은 당의 공식행사에서 배제되었습니다. 21대 총선의 비례대표 후보를 선출하는 과정에서도 마찬가지였고요. 당시 이 정당에서는 비례대표 후보를 '개방형 경선제'로 뽑기로 했습니다. 비례대표 선출 과정에 당원이 아닌 외부인도 참여하게 하는 것인데요. 당원 투표 70%, 일반 시민 투표 30%를 반영하는 방식이었습니다.

결과적으로 당원이 아닌 비청소년 시민들은 후보 투표에 참여할 수 있었던 반면, 정작 청소년 당원들은 청소년이라는 이유만으로 참여할 수가 없었죠. 청소년들은 선거권이나 피선거권 등의 권리를 보장받지 못하는, '아직 당원이 아닌' 예비 당원에 불과하기 때문입니다. 예비 당원은 당원 게시판을 열람하거나 당내의 각종 정보에 접근하려 해도 제한적으로만 허용됩니다. 예비 당원은 종종 청소년을 일컬을 때 사용하는 표현인 '미래세대'의 정당 버전인 셈입니다. 오늘이 아닌 미래에야 온전한 시민이 될 사람, 그러니까 '청소년은 언젠가 자격을 갖추었을 때 비로소 권리를 누릴 수 있다'라는 의미가 일맥상통하니까요.

정당 소속 정치인이나 비청소년 당원도 청소년 당원을 동료로 여기기보다는 그저 '대견한', '독특한', '우리 아들/딸 같은' 존재로 대하거나 '나중에' 정치인으로 키워야 할 대상으로 바라보는 경우가 많아요. 정당에서 입장을 반영할 통로가 없다 보니 청소년 당원들도 같은 청소년끼리 모여 의견을 나눌 필요를 느끼기보다는 권력이 막강한 사람에게 건의를 하거나 인사라도 한 번 하는 게 정당 활동에서 기대할 수 있는 최대치가 되곤 합니다.

평소에는 이렇게 비당원과 다를 바 없는 대우를 받다가도 언론 보도처럼 외부의 주목을 받을 일이 생기면 사뭇 당을 빛내는 존재가 되는 거죠. 우리 당에는 청소년 당원이 있다, 우리 당의 미래를 책임질 '우리 아이'가 있다는 식으로 자랑스레 내세우는 겁니다. 인터뷰에서 만난 한 청소년 당원으로부터 당 안에서 청소년의 위치가 마치 '내버린 자식' 같다는 이야기를 들은 적이 있습니다. 청소년 당원은 정당 이미지를 위해 동원되는 장식품으로만 소비된다는 의미였죠.

이처럼 정당에서 청소년이 정치적 의사결정 과정에 접근할 기회는 아직 너무 적고 빈약합니다. 청소년 당원들이 처한 상황을 문제로 인식하고 적극적으로 권리를 보장할 방안을 찾으려는 정당의 노력은 더디기만 해요. 법에서 청소년 당원의 활동을 제한하고 있고, 정당의 문화도 '청소년이 왜 여기 있어?' 하며 배척하거나 청소년의 존재를 대수롭지 않게 여기는 분위기가 팽배하기 때문입니다.

((청소년 친화적인 정치문화가 정치의 세대교체다))

청소년의 자유로운 정당 활동을 보장하려면 우선 정당이 청소년이 가고 싶은 곳, 있고 싶은 곳이 되어야 하지 않을까요? '젊은 정치', '세대교체'를 이야기하면서도 정작 청소년들이 역량을 키우고 성장할 기회를 만들지 않는다면 아무 소용이 없는 일입니다. 청소년은 부족하고 미성숙한 존재라는 고정관념, 아직 온전한 시민이 아니라는 인식, '어른'에 비해 열등한 아랫사람으로 대하는 태도를 점검하고 변화를 위해 노력해야 합니다.

어떤 조직이 민주적인지를 살피는 기준 가운데 하나가 '투명성'인데, 이는 정당에도 적용됩니다. 운영 과정이나 정보가 투명하게 공개되어야 한다는 거죠. 여기에 더해 공적인 문서에서 쓰는 표현이 의무교육을 받은 사람이라면 이해할 수 있는 말로 쓰였는지도 중요한 판단 기준입니다. 그 공동체의 구성원 모두가 이해할 수 없는 말이라면 그 자체로 불투명한 것이니까요.

정치 공간에서 쓰이는 용어들은 지나치게 전문적이고 낯설어 청소년은 물론 정치에 익숙하지 않은 사람들의 접근을 가로막곤 합니다. 사회의 다양한 구성원을 대변하고자 하는 정당이라면 누구나 쉽게 이해할 수 있는 표현을 써야 하지 않을까요? 그때 청소년을 포함한 모든 사람이 보다 적극적으로 정당에 참여하며 자기 의견을 자유롭게 표현할 수 있을 테니까요.

그러나 청소년 정당 활동의 앞날이 마냥 캄캄한 것만은 아닙니다. 2019년 만 18세로 선거 연령이 낮아진 것을 시작으로 피선거권 연령도 18세로, 정당 가입 연령도 제한적으로나마 16세로 차례로 낮아지고 있으니까요. 이런 변화 속에서 각 정당은 청소년의 정당 활동을 위한 준비로 청소년위원회를 구성해 놓고 있습니다. 이미 청소년 당원들이 활동해 온 정당들에서는 그동안 비공식이었던 청소년 기구를 공식 기구로 바꾸고 있고요. 또 주요 직책에 청소년의 자리를 마련하는 등 정당에서 청소년의 위치와 역할이 변화하고 있습니다.

21대 총선에서는 청소년 당원이 공동선거대책위원장을 맡는 사례도 등장했어요. 당시 만 18세였던 정의당의 청소년 당원 김찬우가 그 주인공입니다. 그는 "당내에 청소년을 담당하는 당직자가 없었는데 선거 연령 하향을 계기로 당직자가 생겼어요. ……
공식적인 위원회가 생기니까 청소년 당원의 문제에 대해 의원들
이 직접 의견을 청취하러 오기도"[17] 한다며 청소년 당원의 기반
이나 역할이 달라지고 있다고 말합니다. 선거권 연령 하향으로 아
직 일부이기는 해도 정식 청소년 당원이 나오면서 당원으로서 목
소리를 낼 수 있는 틈새가 열리기 시작한 것입니다.

우리는 정치를 정해진 사람들만의 특별한 일로 여기는 경향
이 있습니다. 다양한 사람들의 이해관계를 조율하면서 정책으로
만들어 가는 정당을 만난 적도 별로 없고, 정치를 통해 자기 삶
의 변화를 일군 경험도 없기에 정치에 대한 불신과 혐오도 깊고
요. 하지만 생각해 보면 우리는 일상에서 모두 크고 작은 정치를
하며 살아갑니다. 인터넷 게임을 할 때 팀을 꾸려 전략을 짜고
공유하는 목표를 향해 함께 나아가는 일, 학교에서 수학여행 장
소를 정할 때 자기 의견을 반영하기 위해 다른 사람들을 설득하
고 동의를 구하는 일도 일종의 정치라 할 수 있지 않을까요.

일상의 정치 경험을 늘려 나가는 한편 정당 등의 기구를 통해
그 범위를 확장해 간다면 사회정책을 다루는 정치에 대한 관심
도 커질 수 있습니다. 정치란 나중에 자격을 갖추고 난 뒤에 하
는 것이 아닙니다. 누구나, 그의 현재가 정치하기 딱 좋은 순간
이 아닐까요?

교육만 바뀌면
청소년의 삶이
좋아질까요?

"벚꽃의 꽃말이 무엇인지 아시나요? 요즘 중학생들은 벚꽃의 꽃말을 '중간고사'라고 합니다. 중학교 성적은 고등학교에 진학할 때 반영이 됩니다. 그래서 선생님, 부모님들께서도 성적 압박을 더 많이 주시고 저를 성적으로 판단하는 경우가 더 빈번해집니다. …… 점수화되지 않을 일들이 가장 먼저 저희들의 인생에서 지워집니다. 어쩌면 행복은 지워진 일들 속에 있었을 수도 있는데 말입니다." 2016년 세이브더칠드런이 주최한 〈한국 아동의 삶의 질 3차년도 연구발표회〉에 참여한 한 중학생이 '왜 중학생이 되면 행복도가 급격히 떨어지는지'에 대해 전한 말입니다.

지금도 상황은 크게 다르지 않을 듯합니다. '생기부 인생'이라는 말 들어 보셨죠? 한국 사회에서 중학교에 들어감과 동시에 시험성적은 물론 읽은 책 목록 쌓기와 동아리 활동 등 학교에서 하는 모든 일이 고등학교 진학을 위한 자료로 활용됩니다. 고등학교에서의 삶은 대학에 가기 위한 시간으로 채워지죠. 끊임없는 비교와 경쟁 속에서 청소년들은 매일 불안과 과로에 시달리는데 정책결정자들은 이를 반드시 거쳐야 하는 관문쯤으로 여깁니다. 지금의 경쟁교육 시스템에서 승리를 거머쥔 사람들이 국회나 행정의 중요한 자리에 진출해 교육정책을 만들고 있는 것도 큰 이유로 작용했을 것입니다.

그런데 이토록 교육을 강조하는 나라에서 청소년들이 하루의 3분의 1을 보내는 학교건축은 어떤 모습인지 살펴볼까요? 건물 하나, 운동장 하나에 담장으로 둘러싸인 공간. 건축가 유현준은 이런 학교 설계는 누가 학교에 드나드는지, 운동장에 누가 있는지 감시하기 좋은 구조라며 학교와 가장 비슷한 공간으로 '교도소'를 꼽습니다.[18] 우리나라에 '학교'라는 것이 생긴 이래로 그 구조는 거의 변하지 않았는데요. 감시와 통제가 효율적이면서 동시에 건축에 드는 비용이 아주 저렴하기 때문이죠. 2018년 국회 교육위원회 소속 김현아 자유한국당 의원이 교육부로부터 제출받은 '최근 5년간 교사 신축공사 관련 시설 단가 현황'을 분석한 결과에 따르면 학교 시설물의 제곱미터당 평균 건축 단가는 155만 원으로 공공시설 가운데 가장 낮은 것으로 드러났습니다.[19]

'청소년이 나라의 기둥, 이 나라의 미래'라고 호들갑을 떠는 정치인은 많지만 정작 사회적 자원을 배분할 때 학교 공간은 뒷전으로 밀려나죠. 청소년이 교육정책에 목소리를 내거나 정치에 참여할 수 있었더라면 그때도 학교라는 공간의 모습이 이렇게 천편일률적이었을지, 적은 비용을 쓰는 데만 건축의 기준이 쏠려 있었을지 묻게 됩니다. 선거철만 되면 후보들이 노인회관, 양로원 등에 찾아가 시설개선, 지원 확대 등을 약속하는 모습과는 아주 다르니까요.

((청소년은 학생으로만 살아가나요?))

교육정책 대부분이 입시 체제에 맞추어진 사회에서 대학 진학이 목표가 아닌 학생들의 삶은 중요하게 다뤄지지 않습니다. 특성화고 현장실습생이 일터에서 겪는 반복적 사고만 봐도 그 점을 짐작할 수 있죠. 2021년 10월 여수에서는 18세 현장실습생이 잠수 작업을 하다 물에 빠져 숨지는 사고가 있었어요. 현장실습생을 담당한 업체 대표는 안전교육도 하지 않았고 2인 1조 잠수 작업 원칙을 지키지 않은 것은 물론, 잠수 장비를 착용하고 벗는 순서와 방법조차 가르쳐 주지 않은 것으로 드러났습니다.[20]

이 사건으로 노동 현장에서 현장실습생이 다치거나 죽는 사고가 다시 한번 언론의 주목을 받았습니다. 그러나 현장실습생의 사망재해와 관련해 근로복지공단과 교육부가 서로 다른 통계를 제시하는 등 현황조차 제대로 파악하지 못하고 있어 정부의 관리 부실이 비판을 받았죠.[21] 2021년 11월 교육부 총리가 직업계 고등학교 재학생 21명과 간담회를 열기도 했지만, 뚜렷한 대책을 내놓지 못했습니다. "매년 현장실습 중 사망한 학생들이 나오면 거기에 대한 방지 대책을 내놓고 법을 바꾸겠다고 했지만 제대로 지켜지지 않고 있다"[22]라는 청소년의 지적이 나왔을 뿐이에요.

현재는 실습을 나간 일터에서 청소년의 신분이 단지 학생이기 때문에 현장실습생이 '학생이자 노동자'로서 권리를 인정받기가 쉽지 않습니다. 2019년 1월 근로기준법이 개정되면서 '직장 내 괴롭힘 금지' 조항이 생겼지만, 현장실습생은 그 보호 대상에 포함되어 있지 않기도 하고요. 청소년도 '학생이 아닌' 존재로 살아가는 순간이 있습니다. 그때, 어떻게 권리를 찾을지가 바로 정치와 연결되는 문제입니다.

한편, 청소년이 학교 밖에서 시민으로서의 권리를 행사해 문제를 해결한 사례도 있습니다. 성남시에 위치한 효성고등학교 앞은 보행로가 매우 좁아 인파가 몰릴 때면 차도로 내려가 걷는 사람들이 생겨나 교통사고의 위험이 높았다고 합니다. 게다가 버스 노선도 많지 않아 청소년과 인근 주민들이 불편을 겪어야 했습니다. 이런 문제를 해결하려면 학교나 교육청, 교육부뿐 아니라 시청이나 구청도 움직여야 합니다.

2018년 효성고등학교에 재학 중이던 최선웅은 '성남시청소년
행복의회'에 이 문제를 안건으로 올렸습니다. 그리고 이 경험을
바탕으로 학내 토론회도 개최했습니다.[23] 이 토론회에는 성남시
청, 성남시의회, 분당경찰서 등 관계 기관의 담당자도 참석했어
요. 지역 주민의 안전에 대한 책임은 지방정부와 지방의회에 있
기 때문이죠. 성남시청소년행복의회 담당자 김마리는 인터뷰에
서 다 함께 해법을 모색한 결과 보행로도 넓히고, 학교 앞을 지
나는 버스를 5대에서 10대로 늘려 지역사회의 교통환경을 개선
할 수 있었다고 밝히기도 했습니다. 학교를 넘어 지역사회까지,
곧 우리를 둘러싼 삶의 모든 환경이 청소년과 연결되어 있음을
보여 주는 예입니다.

((학교와 가정 밖에도 청소년은 존재한다))

"학생~" 거리나 공공장소에서 이렇게 불려 본 청소년들이 많을
듯합니다. 많은 사람이 청소년은 곧 학생이라고 가정하지만, 모
든 청소년이 학교에 다니는 것은 아닙니다. 학교가 싫어서, 학교
공부가 인생에 도움이 되지 않는다고 판단해서 등 다양한 이유

로 학교를 떠나는 청소년이 존재하죠. 국회입법조사처에서 발행한 보고서에 따르면 2019년 기준으로 탈학교 청소년이 약 39만 명에 달합니다.[24] 이렇게나 많은 청소년이 '학생'이 아닌 상태로 살아가는데, 공공정책이나 제도에서는 쉽게 잊히곤 합니다.

2020년 코로나19로 등교가 중지되었을 때 각 시도교육청은 집에 머무르는 청소년의 점심을 지원하기 위해 급식 꾸러미를 집으로 배달하는 정책을 추진했습니다. 그런데 탈학교 청소년들은 이 꾸러미를 받지 못했어요. "내가 함께 사는 가족은 나 포함해서 청소년이 세 명 있는데 받은 택배 상자는 두 개밖에 되지 않았어요. 내가 학교 밖 청소년이기 때문이었죠." 인터뷰를 위해 만난 '조례만드는청소년' 활동가 박지혜는 학교 밖 청소년이 다양한 교육정책에서 소외되고 있음을 실감했다고 이야기합니다. 급식 꾸러미 정책이 시행된 것은 청소년들의 건강과 안전한 먹거리를 우려해서인데, 그 기준을 학교 재학 여부로 결정하는 게 과연 합당한 일일까요?

선거 연령이 18세로 하향된 직후 진행된 청소년 대상 선거 교육에서도 탈학교 청소년의 자리는 찾아보기 어려웠습니다. 2020년 총선을 앞두고 선거 연령이 하향되었으니 하루라도 빨리 청소년에게 유권자의 권리와 의무, 선거 제도 및 절차, 선거 관련 법규를 교육해야 한다는 요구가 높았는데요. 중앙선거관리

위원회가 18세 유권자를 위한 선거 교육 자료를 제작하는 한편 각 시도교육청도 선거 교육 자료를 만들어 학교에 배포했죠. 충청남도에 있는 한 청소년상담복지센터가 탈학교 청소년을 위한 선거 교육을 진행한 것 외에는 공식적으로 탈학교 청소년을 염두에 둔 선거 교육 사례를 찾아보기는 어려웠습니다.

그래서 탈가정 청소년들에게 주거와 자립을 지원하는 대안적 공동체 주거공간 '청소년자립팸 이상한나라'(이하 '이상한나라')에서 활동하는 한낱은 자체적으로 청소년들과 선거 교육을 해 보기로 했다고 합니다. "여기저기 아무리 뒤져도 다 교복 입은 청소년들뿐이더라고요. 교실이나 학교를 배경으로 하지 않는 안내 영상은 결국 못 찾았어요." 한낱은 탈학교 청소년들의 입장에서 교복 입은 청소년만 등장하는 영상을 보면 소외감이나 박탈감을 느끼지 않을까 염려됐다며 사회의 편견에 답답함을 호소했습니다. '내가 없는, 나를 염두에 두지 않은 자료'가 나에게 이야기를 건네고 있다고 느끼기는 어려울 테니까요.

청소년에 관한 제도나 정책이 학생, 학교를 중심으로 만들어지고 확대될수록 탈학교 청소년들은 자신이 이 사회의 구성원도, 시민도 아니라고 생각하기 쉽습니다. 사회가 나의 존재를 알고 정책적으로도 고민할 때 내가 시민이라는 감각이 생겨나고 목소리를 낼 수 있는 틈도 열리겠죠.

사회적 약자일수록 정치적 권리가 필요하다

탈가정, 탈학교 청소년이라고 하면 시민은커녕 '뭔가 문제가 있는', '기본적인 예의를 지키지 않아도 될 존재'로 바라보는 시선이 존재합니다. 그런데 탈가정·탈학교 청소년 뒤에는 어떤 사회적 배경이 있을까요?

청소년들은 가정폭력, 가족과의 불화, 보호자의 파산 등의 이유로 집을 나오는 경우가 많습니다. 가족과 함께 사는 집이 안전하지 않고, 가정에서는 삶에 필요한 지원을 받을 수 없기에 집을 떠날 수밖에 없는 청소년이 있는 거죠. 가족과 단절되면서 안정적 주거지가 사라지고, 생계를 스스로 책임지기 위해 일하는 과정에서 학교를 떠날 수밖에 없게 되기도 합니다. 당장 먹고사는 문제가 해결되지 않고 사는 곳이 불안정하면 제도적으로 불합리한 일을 맞닥뜨려도 사회를 향해 의견을 내기가 더욱 어려울 수밖에 없어요.

게다가 지금의 청소년 정책은 이들 청소년의 삶에 관심을 기울이기보다 문제가 그대로 남아 있는 가정이나 학교로 복귀하는 것을 해결책으로 제시합니다. 그 외의 선택지는 시설 수용 정도입니다. 시설에 가고 싶지 않은 청소년에게는 '그 정도도 감

지덕지 아니냐' 하는 시선이 쏟아집니다. 이런 인식 속에서 탈가정, 탈학교 청소년들은 위축되기 마련이죠. 그래서 역설적으로 탈학교·탈가정 청소년에게는 정치적 발언 기회가 더 필요합니다. 지금 사회에서 무엇을 경험하고 있는지, 삶의 어떤 부분에 영향을 주는 정책에서 소외되는지 말할 수 있어야 해결 방법도 찾을 수 있을 테니까요.

2020년 5월, 정부는 전 국민 대상 재난지원금을 가구별로 세대주에게 지급했습니다. 이는 여성과 어린이·청소년, 특히 혈연 가족과 떨어져 살거나 기존의 가정에서 도망쳐 나온 청소년의 접근을 제한하는 결과를 가져왔습니다. 가만히 돌이켜 생각해 보세요. 여러분 가운데 재난지원금을 직접 배분받은 청소년 독자는 거의 없을 듯합니다.

한국여성정책연구원에 따르면 재난지원금 수령 성별을 살펴볼 때 남성이 70%로 압도적으로 많았다고 해요. 한국여성정책연구원 성평등전략사업센터장 김원정은 "함께 살고 있지 않거나 이혼·별거 등 가족 구성이 변경 중인 사람들의 지원금 수령이 제약됐다"[25]라며 남성이 주로 세대주가 되는 가부장적 관행, 성별에 따른 가족 내 위계를 간과한 정책이라고 지적했어요.

이런 지급 방식은 성별만이 아니라 나이로 인한 가족 내 위계 또한 살피지 않은 것입니다. 부모님 등의 세대주와 관계가 좋지 않거나 탈가정 상태의 청소년들은 지원의 사각지대에 놓일 수밖에 없습니다. 그래서 여성, 청소년, 노숙인 등 지원에서 누락된 사람들은 2020년 5월 11일 서울역광장에 모여 기자회견을 열고 자신의 상황을 적극 드러내며 정책에 반영하라고 요구했습니다.

'이상한나라'에 거주하는 청소년 이우삼은 위 기자회견에서 "평상시에도 청소년들은 일을 한다 해도 시급이 적은 마당에 코로나 위기가 오면서 더욱 일자리를 잃게 되고 점점 의식주를 유지하기 어렵습니다. 코로나의 위험에 더 가까운 사람들, 탈가정 청소년과 사회적 약자에게 재난지원금을 제대로 지급해야 합니다. 청소년도 동등한 시민으로 대해야 합니다. 지금이라도 늦지 않았으니 방안을 만들어서 누구도 배제되지 않게 정책을 바꾸길 요구"[26]했습니다.

그 결과, 2021년에 2차 재난지원금을 지급할 때는 개인에게 지원금을 지급하기로 정책이 바뀌었어요. 그러나 여전히 청소년이 받아야 할 재난지원금은 세대주가 대리 수령하는 방식 그대로였습니다. 다만 보호자의 학대로 인해 시·군·구청장이 청소년 쉼터에 입소 의뢰한 경우에만 제한적으로 당사자에게 지급했죠. 청소년인권운동연대 지음은 논평을 통해 "청소년 몫의 지원금을 본인에게 주지 않겠다는 것은 청소년이 가족 안에서 목소리를 내거나 논의할 수 있는 여지조차 박탈해 버리는 것"이라고 꼬집었습니다. 턱없이 부족한 변화이지만 당사자들이 목소리를 냄으로써 세상이 조금씩 달라지고 있는 것은 반가운 일입니다.

청소년에게 직접 현금을 지급하지 않는 정책의 배경에는 청소년에게 돈을 주면 아무렇게나 써 버릴 것이라는 우려와 청소년에게 현금을 주는 것은 바람직하지 않다는 뿌리 깊은 편견이 자리하고 있습니다. 현대사회를 살아가는 누구에게나 돈은 필요한 자원입니다. 청소년 역시 경제활동의 주체로서 그리고 시민으로서 자기 몫의 자원을 받을 권리가 있습니다.

((나의 존재를 드러낼 때 세상은 바뀐다))

사회의 구조적 문제에도 불구하고 청소년이 목소리를 내서 변화를 일군 사례는 적지 않습니다. 여러분은 혹시 청소년증을 갖고 있나요? 학생이라면 청소년증의 필요나 존재를 모를 수도 있습니다. 버스나 지하철과 같은 교통수단을 이용할 때나 영화관·미술관·박물관 등 문화시설, 놀이공원 같은 체육시설을 이용할 때 학생증을 이용해 이용료를 할인받거나 면제받은 경험이 있을 텐데요. 청소년은 모두 학생이어야 한다고 여기던 시절에는 학생증이 곧 청소년의 신분증과도 같았습니다. 그런데 학생증이 없다면 어떨까요?

2003년 고등학교에 재학 중이던 박호언은 학생증이 없는 비학생 청소년들이 각종 할인에서 차별받고 있다며 '비학생 청소년들에게 청소년증을 발급하는 등 대안을 마련'해 달라고 국가인권위원회에 진정을 제기했습니다.[27] 그 결과 학생증이 아닌 청소년증이라는 새로운 제도가 만들어졌습니다. 청소년의 요구를 통해 학생이 아닌 청소년에 대한 관심을 불러일으키고 정책을 마련할 수 있었죠.

현재의 청소년 노동에 대한 사회적 관심과 제도적 변화를 이끈 것도 일하는 청소년들이었어요. 근로기준법은 제5장에 청소년의 근로 가능 연령, 노동시간 및 휴일 등 노동조건을 명시하고 있습니다. 그러나 청소년들은 일터에서 나이가 어리다는 이유로 근로기준법에서 보장하는 최소한의 권리조차 누리지 못하는 경우가 많았습니다. 최저임금은커녕 아예 임금을 받지 못하거나 약속한 근로시간보다 오래 일할 것을 강요받는 일이 비일비재했죠. 일하다가 사고나 피해를 당했을 때도 보상받을 길이 없었을 뿐 아니라 이런 문제를 상담할 곳도 마땅히 없었고요.

청소년 노동자의 취약한 상황을 악용하는 사례가 늘면서 청소년들이 뭉쳤습니다. 청소년노동인권네트워크와 청소년인권활동가네트워크는 2008년 아르바이트 경험이 있는 청소년 1,458명을 대상으로 임금(시급), 노동시간, 휴게 시간 등에 대한 실태 조사를 진행했어요. 그 결과를 바탕으로 이후 청소년노동인권실태 보고 대회를 하며 집회를 열어 열악한 노동 현실을 사회에 고발했습니다.[28] 청소년들이 경험을 모으고 이를 바탕으로 사회에 노동 인권 보장을 요구한 거죠. 이에 공감하는 비청소년들도 늘어나면서 노동법을 위반한 사업장에 대한 단속이 강화되었습니다.

2010년대에는 청소년근로권익센터, 안심알바신고센터 등 청소년 노동자를 지원하는 각종 상담·신고 기구들도 생겼어요. 2013년 김포시 청소년 근로자 인권보호 조례(현 '청소년노동자 인권보호 조례')를 시작으로 각 지자체·교육청마다 이름은 조금씩 다르지만 청소년이 노동자로서 정당한 대우와 권리를 받을 수 있도록 규정한 청소년노동인권조례가 제정되기도 했고요. 나이와 상관없이 시민의 한 사람으로서 그리고 노동자로서 청소년도 사회의 지원과 보호를 요청할 권리가 있다고 믿고 행동한 결과 이러한 변화들이 가능했습니다.

청소년의 목소리를 공부하라!

이런 사례들만 봐도 청소년에게 정치적 권리가 주어져야 한다는 것을 알 수 있습니다. 정치란 결국 한정된 자원을 누구에게, 무엇을 위해 쓸 것인가를 결정하는 과정입니다. 지금은 부모나 다른 보호자를 통하지 않고는 주거나 일자리, 사회복지와 같은 자원에 접근하거나 배분을 요구할 권한이 청소년에게 보장되어 있지 않습니다. 비청소년의 경우 먹고사는 문제가 어려움에 부딪혔을 때 사회보장체계에 도움을 구할 수 있지만 청소년에게는 그 장벽도 높습니다.

예를 들어 만 19세 미만의 아동·청소년은 원칙적으로 주거비용 지원이나 공공임대주택 신청이 불가능합니다. 예외적 요건을 갖춘 이들에게만 한정해서 지원되고 있죠. 만 19세 이상이라는 연령제한에 갇힌 청소년은 사회복지 서비스를 요청할 자격도, 계약의 당사자도 될 수 없어요. 이 같은 불안정한 법적 지위를 보완하지 않으면 공공주택을 비롯한 사회보장 체계가 있어도 청소년에게는 아무 소용이 없는 셈입니다. 정치의 장에서 공공재를 누구에게 어떤 방식으로 분배할지를 논의할 때 청소년들의 경험과 이야기를 참고해야 하고, 당사자들에게 발언권이

주어져야 하는 이유죠.

어쩌면 우리 사회는 청소년의 이야기를 들어야 한다는 생각조차 안 하고 있는지도 모릅니다. 청소년은 어떤 존재이고 그 나이 때에는 무엇을 해야 한다는 식으로, 이미 사회가 정해 놓은 방식을 고집하는 거죠. 하지만 우리가 안다고 생각하는 '그런 청소년'은 없습니다. 지금까지 사회는 청소년은 미성숙하고 배우는 과정에 있는 사람이라는 프레임을 설정하고, 그에 맞춘 방향만 제시해 왔습니다. 우리 사회에 '청소년 시민'의 자리가 존재하지 않았음을 인정하고 이전과는 다른 새 틀을 짤 때 사회 구성원으로서 청소년의 삶이 달라질 것입니다. 그러려면 적극적으로 당사자의 목소리에 귀를 기울이는 동시에 청소년이 직접 정책 논의의 장에 자리할 수 있는 구조를 만들어야 합니다. 당사자가 자신의 삶을 통해 이야기하고 정치에 함께할 때 시민으로서 역량도 커질 수 있습니다. 그래서 청소년들은 이야기합니다.

"우리의 목소리를 공부하라!"

백경하의
이야기

삶의 필요에 대해 자유롭게 이야기할 수 있는 시공간

백경하 님은 청소년 페미니스트 네트워크 '위티'에서 활동하고 있습니다. 2018년 당시 이어졌던 스쿨 미투 고발 집회에 스태프로 참여했고, 스쿨 미투를 알리기 위해 2019년 제네바에 방문해 유엔아동권리위원회를 만나 청소년의 목소리를 전하기도 했습니다. 그는 불평등한 학교를 고발하는 학생 당사자로 활동을 시작한 이후 참정권과 성평등 교육 등 다양한 프로젝트로 지평을 넓혀 왔는데요. 경하 님을 만나 지난 궤적 속에 숨어 있던 고민을 들어 볼 수 있었습니다.

스쿨 미투라는 의제는 결국 여성 청소년이 경험하는 일상 속 불평등에 대한 이야기와 연결될 텐데요. 경하 님이 기억하는 여성 청소년으로서 '나'는 어땠나요?

경하 아무래도 학교만이 아니라 삶 전반에서 대립이 많았어요. 저는 뭔가 하고 싶은 욕심도 욕구도 많은 사람인데, 그런 욕망이 제가 청소년이고 미성숙하다는 이유로 자주 좌절되곤 했죠. 게

다가 학교에서는 사소하게는 남학생은 넥타이를 안 해도 넘어가는데 여학생은 꼭 해야 한다든지, 교사가 수업시간에 '남자의 재력과 여자의 외모가 만나서 완벽한 아이가 만들어진다'라고 말한 적도 있었고. 남학생들끼리 몰래 다른 학생 사진을 찍어 카톡방에서 돌려 보면서 웃는 문화가 있었는데, 그걸 교사에게 말했을 때 '장난'처럼 치부되는 일들 하며…… 총체적 난국이었죠.

늘 벗어나고 싶었는데도 현실의 저는 돈도 없고 이 환경에 붙어서 살 수밖에 없는 존재가 된 기분이었어요. 입시를 할 때니까 공부에 집중해야 한다는 충고를 듣거나, 이렇게 정치적인 활동을 해서 대학에서 안 좋게 보면 어떡할 거냐는 걱정 섞인 질문도 많이 받았어요. 정치적 견해가 있다고 하면 벌써부터 치우친 생각을 한다며 비판하는 주변의 목소리도 많았고요.

학교에서 페미니즘 동아리를 운영하며 교내 행사를 개최하려고 했을 때는 교사가 "학생이 꼭 이런 것을 해야 하냐"라고 말하기도 했어요. 그리고 이게 입시 경쟁으로 시간을 보내는 학생들의 정서이기도 했던 것 같아요. 수업시간에 교사의 발언에 의문을 제기하면, 꽤 많은 학생이 수업 분위기를 해친다는 이유로 싫어했거든요. 수업 중 발표에서 정치적 견해가 드러나는 주제를 선정하는 학생도 거의 없었고요. 그 사이에서 보낸 시간과 여성 청소년이라는 정체성을 생각하면, 답답함과 분노로 가득했어요.

활동을 본격적으로 시작하게 된 계기와 이후의 시간을 지나며 인상 깊게 남은 장면은 어떤 건지 궁금해요.

경하 스쿨 미투가 이슈가 되고 SNS에서 큰 흐름이 일었을 때, 위티에서 스쿨 미투 집회 스태프를 모집한다는 공고를 봤어요. 저는 당시에 고등학교 2학년이었는데 너무 화도 나고, 뭐라도 하지 않으면 안 될 것 같은 답답한 마음에 집회에 스태프로 참여하게 되었어요. 그게 시작이었죠.

인상적인 장면이라면…… 집회 때 퍼포먼스를 했어요. 제가 무대에 올라가서 집회 참여자들이 칠판에 적은 혐오 발언을 빨간 페인트로 지우는 퍼포먼스를 했는데, 뒤를 돌아 모인 사람들을 보니 다들 환호하고 있는 거예요. 그때 느꼈던 해방감이 아직도 기억에 남아요. 그리고 제가 활동을 하는 큰 이유 중 하나가, 세상을 바꾸는 것처럼 대의적인 목표도 물론 있지만, 재밌고 자유롭고 싶어서거든요. 퍼포먼스 할 때 그 감정을 강하게 느꼈어요.

유엔에 갔던 일도 인상 깊었죠. 2019년 1월에 유엔아동권리위원회의 초대를 받아 한국이 유엔 가입국으로서 의무를 제대로 이행하고 있는지 살펴보는 자리에 참석했어요. 본심의에 앞서 심의 기준으로 삼을 주제들을 논의하는 사전심의 회의였는데요. 당시 유엔아동권리위원들이 한국의 스쿨 미투 상황에 굉장히 주목했나 봐요. 저희도 유엔에 하고 싶은 이야기가 있었고요. 유엔에 간다는 게 쉽게 할 수 있는 경험이 아닌 데다 한국에서는 아무도 안 들어 주는 얘기에 유엔에서는 귀 기울여 주고 스쿨 미투가 굉장히 중요한 문제라는 걸 공감해 줬던 게 기억에 남아요. 그 이후에도 재미있는 순간들이 많았지만, 이때 '활동을 하는 중요한 이유가 이거구나' 하고 실감했죠.

경하 님의 이야기를 듣다 보니 결국 청소년이 겪는 불평등한 일상을 바꾸려면 실질적으로 정치적 권리를 확보하는 일이 중요하다는 생각이 들어요.

경하 18세로 투표권 한 살 낮춰 놓고 다들 그냥 끝이라는 식의 태도를 보이는 게 되게 싫었어요. '너네 이제 투표할 수 있으니깐 됐지?', 이런 느낌? 사실 청소년들이 하고 싶은 다른 얘기도 많고, 사회가 들어야 되는 얘기도 많고, 아무리 젊은 여성 정치인들이 많아졌다고 하지만 여전히 국회는 아저씨들 모임인데…….
이런 문제점은 그대로 두고 일부 청소년이 투표를 할 수 있으니깐 모든 것이 해결되었다고 생각하니까요. 참정권이 꼭 투표권만 의미하는 것은 아닌데, 그렇게 여겨져서 아쉬웠죠.

그리고 청소년 참정권 관련 인터뷰 같은 걸 보면 맨날 하는 질문이 너무 구리잖아요. '중간고사를 봐야 하는데 투표할 거냐'라는 식으로. 댓글엔 '이렇게 똑똑한 청소년은 당연히 투표권을 줘도 된다'라고 적혀 있고. 특정 청소년만 참여할 수 있다고 말하는 게 좀 짜증이 났어요. 그런 면에서 청소년과 페미니즘을 잇는 저의 활동들이 크게 보면 그동안 들으려 하지 않았던 목소리들에 귀를 기울이는 거라고 생각해요. 청소년의 참정권 문제도 사실 비슷해요. 중요하지 않다고 생각했던 청소년의 이야기를 조금이라도 들어 보자는 거니까.

그리고 참정권은 결국 투표라는 일종의 방법으로 청소년이 의사 표현을 할 수 있는 창구를 만들어 주는 거잖아요. 그런 결에서 제가 하는 활동들은 문화나 인식이나, 이런 손에 잡히지 않는 것을 바꾸는 것에 가깝고요. 이 두 가지는 우리의 이야기를, 그동안 들리지 않았던 목소리를 듣는다는 점에서 연결된다고 느껴요.

그런 면에서 위티와 함께한 <안녕, 국회> 프로젝트가 두 지점을 잇는 시도로 보여요. 그 프로젝트 영상을 촬영하며 어땠는지 듣고 싶어요.

경하 그전까지 제가 기억하는 정치인의 모습은 중학교 때 학교 앞에 있는 롯데리아에서 어떤 아저씨가 명함 주면서 몇 학년이냐고 물어본 게 다였거든요. 프로젝트를 진행하면서는 내가 진짜 대화해 보고 싶은 여성 정치인을 만날 수 있다는 기대가 컸어요. 저한테 물어볼 게 나이밖에 없는 기성 정치인들을 보면 '어차피 저들은 나의 삶에 관심이 없을 것'이라고 짐작하게 되잖아요. 그럴 때 제가 열심히 말할 필요도, 정치에 관심을 가지고 싶은 마음도 사라졌었으니까요.

제가 다른 청소년 활동가들과 대화하는 모습을 찍은 영상을 보면서 새삼 우리가 진짜로 누리지 못하는 것들이 많다는 것을 깨닫기도 했어요. 한편으로 구린 상황에 대해 비꼬면서 얘기하니까 진짜 많이 웃기도 했어요. '중간고사 기간인데도 투표하겠냐' 하는 질문만 봐도 그래요. 직장인들에게 업무로 바쁠 때 투표할 거냐고 묻지 않잖아요. 세상이 변하고 있음을 느끼지만 또 한편으로는 아직 멀었다는 생각도 들죠.

동시에 저는 그동안 굉장히 모범생으로 살았고, 그래서 지금까지의 제 요구들 역시 수용되기 쉬운 것들이었어요. PC방이나 찜질방 같은 공공장소에 10시 이후 청소년의 출입을 막는 것 등이 저에게 중요한 문제는 아니어서 깊게 생각을 안 해 봤죠. 그런데 영상을 찍으면서 누군가에게는 아주 시급하고 중요한 일일 수도 있다는 생각을 해 보게 됐어요. 청소년들 사이에도 서로 다른 다양한 요구가 있고 사회에서 그 요구를 선별해 '중요하다', '중요하지 않다' 단정 지을 순 없다고 생각해요.

경하 님 말씀처럼 사회가 조금씩 바뀌고는 있지만, 여전히 바뀌지 않은 부분도 많다는 걸 실감하게 되네요. 그렇다면 청소년이 정말 '시민'으로 호명

되는 사회는 어떤 모습일까요?

경하 우선 청소년이 시민으로 불리는 사회에선 지금처럼 청소년의 권리를 통제하는 방식이 아니라, 어떻게 더 평등하게 보장할 것인가를 두고 많은 얘기를 나눌 것 같아요. 청소년이 가르침을 받는 대상으로 남겨지기보다 이들의 의견이 중요하다고 여겨질 때 더 충실하고 다양한 논의를 할 수 있지 않나 하는 생각도 들고요.

그리고 저는 자기 삶에 필요한 게 무엇인지 자유롭고 마음 편하게 얘기할 수 있는 시공간이 많이 마련되면 좋겠어요. 지금 당장 기성 정치권에 청소년 문제가 엄청 중요한 이슈로 떠오르진 않더라도, 내가 어떤 권리를 누릴 수 있고 지금 내가 하고 싶은 일이 결코 중요하지 않은 게 아님을 아는 것과 모르는 것은 큰 차이가 있다고 생각하거든요. 그렇게 알고 이야기하는 것만으로도 일정 부분 해소되는 면이 있기도 하고요.

이를테면 학교 내 회의처럼 같이 모여 얘기해 보는 경험이 결국에는 정치에 대한 어려움 내지 거부감을 줄일 수 있지 않을까 하는 생각도 들고요. 자신의 요구와 필요를 탐색해 볼 시간과 기회가 더 많아지면 좋겠어요. 제가 고등학교 시절을 버틸 수 있었던 건 매주 페미니즘 동아리 친구들과 함께했던 '주간 혐오 고발' 시간 덕분이었어요. 우리를 화나게 하는 것들에 대해, 무엇을 바꿀 수 있을지에 대해 이야기 나누는 시간들이 힘이 됐거든요. 지역구 후보를 검색해 보고 선거 공보물을 뒤적거리는 시간보다 학교에서 페미니즘 동아리를 운영한 경험이 '정치'라는 키워드에 더 걸맞는다고 느껴요.

백경하 님의 말처럼 사회는 아직 청소년의 권리를 협소하게 규정합니다. 중요하지 않다고 여겨 왔던 청소년들의 이야기를 듣게끔 하는 것이 결국 청소년의 더 넓고 다양한 권리를 상상하고 보장하는 일과 연결되겠죠. 무엇보다 청소년이 "자기 삶에서 필요한 바를 자유롭고 편안하게 이야기할 수 있는" 사회가, 청소년이 시민으로 호명되는 사회일 것입니다.

(((3.

시민의 학교에서 청소년은
'다시' 시민이 된다))

용의복장이랑

시민이랑

무슨 상관인가요?

투표도 하는데 '똥 머리'는 왜 안 돼?

'앞머리는 눈썹 위, 옆머리는 귀가 분명하게 드러나게, 뒷머리는 와이셔츠 옷깃에 닿지 않는 스포츠 형태.' 대구의 한 고등학교가 2021년 당시 고수하던 두발 규정입니다. 2021년 10월 초어느 날의 등교시간, 청소년 인권 단체들은 이 학교 앞으로 찾아가 물었습니다. "왜 1년이 넘도록 두발 규정을 개정하지 않고있습니까?"

2020년, 이 학교 학생이 '투블럭 커트'도 하지 못하게 하는 두발 규정은 인권 침해라며 국가인권위원회에 진정을 넣었는데요. 이에 국가인권위원회가 학생 인권을 침해하는 두발 규정을 개정하라고 학교에 권고했고, 학교도 규정을 고치겠다고 답변했습니다. 그런데 1년이 넘도록 학교가 약속을 지키지 않고 있었던거죠. 학교에서는 이날도 교문 단속을 하려고 교사들이 나와 있었습니다. 학생들은 머리카락을 자르고 오라는 지시를 어기면규정 위반에다 교사 지시 불이행으로 더 큰 벌점을 받게 될까두려워 대응하기가 쉽지 않다고 했습니다. 새 교장 선생님이 오고 나서는 규제가 더 강화되었다며 울분을 터트리기도 했습니다. 그럼에도 이에 굴하지 않은 학생들과 인권 단체들의 항의가 계속되자 학교는 결국 두발 규정을 대폭 완화했습니다.[1] 무엇보나 변화의 가능성을 포기하지 않은 청소년들이 있었기에 가능한 결과였습니다.

교문 단속이 점차 사라지는 추세라지만, 아직도 지역에 따라 용의복장을 규제하기 위해 단속을 계속하는 학교들이 있습니다. 학생인권조례가 있는 지역은 그나마 사정이 나은 편이지만, 그렇다고 문제가 없지는 않습니다. 제한의 방식은 다양할지라도 완전한 용의복장의 자유를 보장한 학교는 거의 없거든요.

서울학생인권조례에는 두발의 자유만 포함되어 있다가 2021년 3월 복장의 자유도 전면 보장하는 내용으로 개정되었는데요. 여전히 서울에 있는 한 여고는 목선이 보여서 야하다는 이유로 머리를 높이 묶는 것을 금지하고 있고, 치마 길이 단속도 심각했습니다.[2] 이에 2021년에는 청소년 단체들이 여러 고등학교 앞에서 서울학생인권조례 개정 소식을 알리는 캠페인을 진행하기도 했습니다. 캠페인 당시 한 고3 학생이 지나가며 툭 던지듯 했던 말이 떠오릅니다. "아니, 이제 투표도 하는데 똥 머리를 못하는 게 말이 돼?"

다양한 이유로 용의복장 규제의 부당함을 체감하고 있는 거죠. 청소년은 뽑고 싶은 대통령은 결정할 수 있지만, 자신의 머리 모양은 결정하지 못하는 모순된 위치에 놓여 있습니다. 이쯤 되면 학생들이 외모에 집착하는 게 아니라, 학교가 통제에 집착하는 것 아닐까요?

2007년 서울 광화문 사거리에서 열린 청소년 집회 '두발 자유, 바로 지금!'에 참가한 한 학생은 이렇게 말했습니다. "멋내기라고 하면 왠지 안 좋은 것 같고, '개성의 자유로운 발현'이라고 하면 좋게 들리는 세상이다. 어려운 단어를 쓰지 않는다고 해서 우리의 당연한 권리가 대수롭지 않은 일로 취급되어선 안 된다." 멋 내는 것이 죄가 되는 학교, 학생을 죄인으로 만드는 학칙 속에서 학생들의 '멋 낼 권리'는 얘기조차 되지 않고 있다는 것을 꼬집는 말이었습니다. 고상하게 정리된 논리와 말이 아닐지라도 학생들이 뱉어 내는 이야기 속에는 자유를 향한 생생한 열망이 담겨 있습니다. 이 일이 벌써 십수 년 전의 사례인데요. 지금 여기 우리들의 학교 풍경은 얼마나 달라졌나요?

((**잘리는 것은 머리카락이 아닌 인권이다**))

'두발 자유'라는 단어를 처음 만난 것은 고등학교에 입학한 뒤의 일이었는데요. 지금도 생각나는 일화가 있습니다. 고등학교 1학년 자기소개 시간에 한 친구가 대뜸 "나 염색한 거 아니고, 일진도 아니고, 혼혈아도 아니야. 자연이고 그냥 평범한 사람이 니까 친하게 지내자"라고 말했습니다. 그 친구는 머리색이 아주 밝은 갈색이었습니다.

저는 좀 의아했습니다. 보통은 이름과 함께 취미나 관심사 등을 소개하는데, '쟤는 왜 머리색으로 자신을 소개했을까?' 하는 의문이 뇌리에서 계속 맴돌았죠. 돌이켜 생각해 보니 그 친구가 교실에 들어온 순간부터 여기저기서 호기심과 경계에 찬 시선을 보냈다는 것을 깨달았습니다. 아마 그 친구는 그런 시선을 아주 오랫동안 받아 왔을 것입니다. 머리색을 이야기하며 함께 쓴 염색, 일진, 혼혈이라는 단어가 그가 지금껏 학교에서 경험했을 무수한 의심과 부당한 대우를 짐작하게 했어요. 학교에서 염색모가 아님을 증명하기 위해 요구한 '자연 머리 확인증'도 벌점은 피하게 해 주었을지언정 교사나 다른 학생들로부터 받았을 눈총을 막아 주지는 못했던 것입니다.

머리색으로 고생했을 친구의 마음을 떠올리니 그간 두발 규제에 대해 별 문제의식이 없었던 게 그렇게 부끄러울 수가 없더라고요. 그 친구의 '의아한' 자기소개의 배경에 나의 침묵 또한 포함되어 있다는 생각에 뒤늦게나마 책임감을 느끼기도 했어요.

이렇게 학교에서 겪은 일이 뭔가 좀 이상하다는 생각을 하다가 만나게 된 단어가 바로 '두발 자유'입니다. 검은 머리색이 아니어도 괜찮은 학교였더라면 그 친구를 바라보는 시선이나 학교생활이 사뭇 달랐을 것 같아서요.

이 경험담을 읽고 '그냥 그 학생이 검은 머리로 염색하면 해결되는 일 아냐?' 하고 생각하는 사람도 있을지 모릅니다. 과연 그게 옳은 해결 방식일까요? '학생은 염색 금지'라고 하면서 어떤 학생은 염색을 하게끔 하는 이 모순의 중심에는 자신의 외모 하나하나를 스스로 선택할 수 없는 청소년의 갑갑한 현실이 있습니다.

용의복장 규제에 찬성하는 학생들도 물론 존재합니다. 학생들과 만나 학생인권에 대해 이야기하면 종종 "교복 입으면 옷고를 걱정 없어서 좋지 않나?", "그래도 학생인데 심한 염색이나 파마는 좀 아니라고 생각해요" 하는 말을 듣기도 합니다. 사회에서 학생의 용의복장 규제를 옹호하는 논리도 비슷하죠.

교복을 입을 때, 매일 똑같은 머리 모양을 할 때 고민하는 시간이 줄어드는 건 사실입니다. 그런데 우리는 어떤 옷이나 머리 모양이 더 '효율적'인가를 논하기 전에 어떤 삶이 더 '인간다운' 삶인가를 질문해야 하는 게 아닐까요? 왜 학생들에게 마음에 드는 옷을 입고 원하는 머리 모양을 할 자유가 있어야 하는지 생각해 보면 답은 간단합니다. 그것이 시민으로서 당연한 권리이기 때문입니다.

'학생다움'에 대한 사회의 요구도 마찬가지입니다. 사회에서는 보통 '단정한' 머리와 옷차림으로 공부에만 몰두하는 모습을 두고 '학생답다'고 말합니다. 그런 고정관념을 비판하며 2014년 청소년인권행동 아수나로는 "학생은 학생다울 때 가장 아름답습니다"라는 제목의 캠페인을 진행했습니다. 이 캠페인에 등장한 문구에는 흔히 생각해 온 '학생다움'이라는 통념을 뒤흔드는 내용이 담겨 있었죠.

"학생은 학생답게 자유로운 머리를 합시다", "학생은 학생답게 개성 있는 복장을 합시다", "학생은 학생답게 학교 규칙을 잘 바꿉시다", 이 문장들을 보니 어떤 생각이 드나요? 이 문장들이 실현된다면 학교가 큰 혼란에 휩싸일까요? 학생이 인간다운 삶을 살기 어려워질까요? 그렇지 않습니다. 자유롭게 머리를 꾸미고, 개성 있는 복장으로 나를 표현하고, 필요하다면 주위 사람들과 의견을 나누며 공동체의 규칙을 바꾸어 나가는 게 비청소년에게 자연스러운 일상인 것처럼 말이죠. 이 일상은 민주주의 사회의 시민이라면 누구나 '자격 검증 없이' 보장받아야 할 권리입니다.

'학생다움'을 새롭고 다양하게 정의하는 말들을 보면 '학생은 정해진 모습으로 기존의 규칙에 따라 살아야 한다'라는 주장이 잘못되었음을 알 수 있습니다. 새로운 질문을 떠올리기 어려울 정도로 학생들의 삶에 깊이 스며든 용의복장 제도를 계속 유지하는 게 옳은지 학생인권의 관점에서 살펴봐야 합니다.

학교는 어떤 시민을 만들어 내는가

지금의 학교 현실에서는 학생이 시민으로서 삶을 살아가는 데 괴리감을 느낄 수밖에 없습니다. '머리 모양 하나, 오늘 입을 옷 하나 고를 자유도 없는데 시민은 무슨 시민이냐' 하는 생각이 들 수밖에 없지 않을까요? 용의복장의 자유를 빼앗는 학교 규정은 마음의 자유까지 위협할 수 있습니다.

저는 학칙이 아주 엄격한 학교에 다녔는데요. 스타킹 색에 따라 양말과 신발, 신발끈의 색 조합까지 정해져 있었습니다. 흰 신발을 신는 게 규정이었는데, 신고 다니던 신발이 때가 타 회색 비슷하게 되니 색을 알아볼 수 없다며 벌점을 받은 일이 있었습니다. 저는 그 신발이 흰 신발임을 증명하느라 애썼는데 아무리 해명해도 벌점을 피할 수 없었죠. 졸업한 뒤 아무 신발이나 자유롭게 신고 다닐 수 있게 되자 문득 '왜 나는 그때 그 규정이 이상하다고 말하지 않고 내가 규정을 어기지 않았다고 해명하는 쪽을 택했을까?' 하는 생각이 들었습니다. 저는 당장 눈앞에 놓인 벌점이라는 제재를 피하기 위해 규범에 순응했던 거죠.

이처럼 엄격한 규칙과 통제는 사람들로 하여금 그 규칙이 잘못된 것은 아닌지 의심하거나 명령을 거부하는 일을 상상하기 어렵게 만듭니다. 교문으로 들어설 때 내 머리카락과 옷차림 때문에 혼이 나진 않을까 걱정해야 하는 사람에게는 자신이 충분한 자유를 누리고 있는지 질문하거나 학교생활에 만족하는지 마음 편히 돌아볼 기회가 매우 부족할 수밖에 없습니다. 그렇게 과거의 저를 포함해 많은 학생이 교문을 지날 때마다 명령과 위계에 복종하는 법을 익히며 주어진 규칙과 정답을 넘어서지 못하는 사람이 되어 갑니다.

학교는 왜 이렇게까지 복장 단속을 유지하려 하는지, 복장 단속이 사람에게 어떤 영향을 끼치는지 보다 넓게 이해하려면 두발을 규제하는 다른 사례를 살펴볼 필요가 있습니다. 노동자들도 출근길에 두발 검사를 받던 시절이 있었다는 사실을 아시나요? 1987년에 노동자들이 민주적 기업 문화를 위해 대투쟁을 벌이며 가장 먼저 요구한 것이 '두발 자유'였습니다. 그 까닭에 대해 현대중공업 노조위원장이었던 이갑용은 이렇게 말했죠. "우리들에게 머리카락은 굴종, 체념, 부끄러움, 억울함, 그런 것들의 상징이었다."[3]

그의 말처럼 머리카락에는 한 사람의 인격, 자존감, 정체성이 담겨 있습니다. 그래서 권위적이고 억압적인 사회일수록 두발 등 구성원의 용의복장까지 일일이 단속하며 통제력을 과시하거나 인격을 모독하는 경우를 자주 볼 수 있습니다. 군사정부이던 1970년대 박정희 정권 시절에 시민을 대상으로 행했던 장발과 미니스커트 단속을 독재의 상징으로 꼽는 이유죠. 지금은 다행히도 역사 교과서에서나 찾아볼 수 있는 모습이지만요.

현재 학교 이외에 두발 규제가 이루어지는 곳으로 군대가 있습니다. 군인의 머리카락이 짧은 이유에 대해 머리카락을 자르는 과정 자체가 민간인에서 벗어나 군대의 일원이 되었음을 마음에 새기고 환기하는 과정이라고들 이야기합니다. 그래서인지 군대에 가는 이들이 입대 소식을 SNS에 알릴 때 자주 등장하는 것이 '삭발 인증샷'입니다. 외모에 대한 규제는 규율을 받아들인 자와 그렇지 않은 자가 한눈에 구분되도록 만듭니다. 처음엔 불만을 갖던 구성원들도 모두가 같은 색의 머리, 같은 형태의 의복을 갖추고 있다는 것을 매일 확인하면서 규제에 순응하거나 적당히 피해 가는 방법들을 익히게 되기 마련입니다.

마르잔 사트라피가 쓰고 그린 《페르세폴리스》라는 만화에는 억압적 정권을 몰아내고자 했던 이슬람 혁명 뒤에 민주사회가 아니라 더 심한 독재를 마주하게 된 이란의 혼란이 고스란히 담겨 있는데요. 국가의 억압정책 아래에서 시민의 자유가 왜, 어떻게 침범당하는지에 대한 경험과 통찰을 잘 보여 줍니다. 책에 이런 구절이 나옵니다.

정권은 알고 있었다. 외출할 때 이런 생각을 하는 여성이라면……

'내 바지가 너무 짧진 않겠지?'
'내가 히잡을 제대로 썼나?'
'내 화장이 너무 튀지 않을까?'
'그들이 채찍으로 날 때리려나?'

이런 의문은 갖지 않는다는 것을.

'내 사상의 자유는 어디 있는가?'
'내 표현의 자유는 어디 있는가?'
'내 삶은 과연 살 만한가?'
'정치범 수용소에서는 무슨 일이 벌어질까?'

당연해! 두려움을 느끼면 분석이나 성찰의 개념을 상실하니까. 공포는

우리를 마비시켰어. 더욱이 공포는 늘 모든 독재와 폭압의 동기가 되었지. 머리카락을 드러내거나 화장을 하는 것도, 따지고 보면 반란 행위가 될 수 있었어.[4]

마르잔 사트라피의 이야기처럼 규제를 통해 심어진 두려움은 생각을 갉아먹고, 사람들이 저항의 가능성을 잊고 체제에 순응하게 하는 결과를 가져옵니다. 사자가 자신이 사자인 줄 모르고, 고양이인 줄 착각하게 만드는 거죠.

2018년 서울특별시교육청의 학생인권옹호관 윤명화는 용의 복장 규제와 스쿨 미투의 연관성에 주목했습니다. 스쿨 미투가 발생한 학교들은 학칙 대부분이 복장 등을 세세하게 규정하는 이른바 '나노 규제'라는 공통점을 갖고 있었는데요. 2018년 서울시교육청 학생인권교육센터의 조사에 따르면 '각종 출입문을 여닫을 때 큰 소리가 안 나게 주의한다', '수첩을 가지고 다니며 조회·종례 시 지시·전달 사항을 기록하는 습관을 기른다' 등 아주 사소한 부분까지 개인의 생활 전반에 개입하는 학교들이 있었습니다. 윤명화는 "(스쿨 미투가 발생한 학교) 학칙을 보면 내용이 딱딱하고 복장 등을 세세하게 규정하는 경향이 있다. 한 학교 학생들은 '학칙이 엄격하다 보니 교사에게 이의를 제기하는 것을 생각하기 어려웠다'고 진술했다"[5]라고 전했습니다. 엄격한 학칙이 학생들의 몸의 자유뿐 아니라 마음의 자유까지 억압한다는 것을 알 수 있죠.

용의복장 규제는 수직적 학교문화를 만드는 것 외에도 교사가 학생의 신체를 침범하는 배경이 되기도 합니다. 생활지도라는 명목으로 학생들의 몸과 얼굴을 훑어보고, 치마를 들추거나, 속옷이 비친다며 트집을 잡는 등 성폭력의 경계를 넘나드는 일이 손쉽게 발생하는 것입니다. 2021년 원주의 한 여고에서 학생들을 의자 위로 올라가게 한 뒤 교복 치마 길이 검사를 벌여 크게 논란이 되기도 했습니다.[6]

결국 학생의 용의복장에 대한 규제는 사회가 어떤 학교, 어떤 교육, 어떤 관계를 지향하는지 보여 줍니다. 학생의 신체와 외모까지 통제의 대상으로 보는 사회와 학생을 존엄하고 자유로운 한 인간으로 대하는 사회의 차이는 그 공동체에서 살아가는 시민에게 전혀 다른 삶을 경험하게 합니다. 한번 통제와 '지적'을 경험한 사람에게는 자연스럽게 다른 부분에 대해서도 통제될 수 있다는 긴장이 생기기 마련이죠. 내가 사회적으로 '통제해도 되는 존재'의 위치에 처해 있음을 자각하게 되기 때문입니다.

학교생활에서 몸에 밴 관습은 일부 청소년들의 선거권 연령이 낮춰지거나 졸업 후 학교를 떠난다고 해서 쉽게 사라지지 않습니다. 윗사람 눈치를 보느라 부당한 대우를 받아도 참고 넘기는 삶, 내가 내 몸과 마음의 주인이 되는 것을 '나중'으로 미루는 삶 속에 학교가 만들어 내는 시민의 모습이 있습니다. 학생을 겁주는 교육이 '겁먹은 시민'을 만듭니다.

몸과 마음을 통제하는 학교 환경 속에서도 용기를 내 자유를 외치는 학생들이 있습니다. 앞서 이야기한 교복 치마 길이 검사를 중단시키고 학교의 변화를 이끌어 낸 사례의 중심에도 학생이 있었습니다. 그 학교에 다니던 한 학생이 치마 길이 단속 장면을 찍어 언론에 제보하면서 이 일이 세상에 알려졌죠.

아직도 학생들을 의자 위로 올라가게 해서 치마 길이를 검사하는 학교가 있다는 사실이 드러나자 여기저기서 비판이 쏟아졌습니다. 강원도교육청 장학사들이 직접 학교에 방문해 조사를 벌이기도 했습니다. 결국 한 달여 만에 학교는 규정 개정 작업을 시작했고, 학생자치회 임시총회에서 학교장이 공개 사과했습니다.[7] 자칫 관행처럼 이어졌을 행위에 의문을 품고, 스스로 목소리를 낸 학생인권의 범위를 넓힐 수 있었던 것입니다.

학생들이 직접 일궈 낸 변화는 다른 세계의 문을 열어젖히는 계기가 되기도 합니다. 내 삶은 바뀌지 않을 거라는 기대 없음, 아무도 내 얘기를 들어주지 않는다는 무력감을 넘어서는 힘이 됩니다. 이런 변화를 경험할 때 사람들은 자신이 의미 있는 존재, 힘 있는 존재임을 자각하게 되죠. 이런 경험이 우리를 스스로 시민으로 생각하게끔 하는 게 아닐까요? 이 변화의 힘은 생각할 자유와 내 생각을 표현할 자유로부터 나옵니다. 더 많이 자유로울수록 더 많이 평등해질 수 있고 더 많이 평등해질수록 더 많이 자유로워질 수 있습니다.

더 많은 학생이 인권과 민주주의를 삶에서 경험할 수 있어야 합니다. 하지만 현재 학칙 제정의 권한은 학교운영위원회에 있고, 초·중등교육법상 학교운영위원회 구성에 학생은 들어가지 않습니다. 학생인권조례가 제정된 지역도 전국에서 단 여섯 군데뿐이죠. 학생의 자유를 억압하는 학교가 여전히 많습니다.

한편 "우리 학교 학칙은 학교 구성원들과 충분히 토론해 결정된 것이므로 민주적이다"라고 주장하는 경우도 있습니다. 그런데 여기서 한 가지 더 생각해 볼 것이 있습니다. 학칙의 내용이 학생인권을 침해하고 있다 하더라도 그 학칙을 교사, 학생, 학부모 등 학교 구성원이 충분히 토론해서 결정한 것이면 괜찮은 걸까요? 중요한 것은 '무엇이 규칙으로 금지해야 할 행동인가?'입니다. 토론의 과정을 거쳤다 할지라도 정당한 사유 없이 누군가의 자유를 제한하기로 결정한다면 그 학칙은 민주적이라고 할 수 없습니다.

이를테면 교사나 학생에 의한 학교폭력이 발생했을 때 해결책을 찾는 과정에서 가해자의 등교를 금지하는 것은 피해자를 보호하기 위한 조치입니다. 하지만 머리를 염색하는 일, 겉옷을 입는 일은 누구에게도 피해를 주지 않습니다. 그런 면에서 아무리 학칙 개정이 가능할지라도 개정된 학칙이 여전히 부당하게 학생들의 자유를 제한한다면 그 학교를 민주적 공간이라 부를 수 없겠죠. 학생의 자유와 민주주의 실천을 보장하는 학교라면 무언가를 결정하는 과정만이 아니라 결과까지 고려해야 합니다.

2018년 10월 6일, '경남학생인권조례 제정을 위한 촛불시민연대' 주최로 열린 학생인권 간담회에서 만난 청소년인권행동 아수나로의 한 활동가가 발표한 이야기가 떠오릅니다. "학교는 청소할 때만 학생을 학교의 주인이라고 말한다." 이런 공간을 '시민의 학교'라고 부를 순 없겠죠. 선생님 대신 교무실 청소를 해야 한다거나, 벌점을 받을까 노심초사하며 '죄인이 된 기분'으로 교문을 들어서야 하는 학교라면 청소년이 시민으로 대접받고 있다고는 말할 수 없습니다.

결국 학생의 자유 없이는 민주시민이 많아지는 세상 역시 불가능합니다. '학교의 주인은 학생'이라고 말할 수 있으려면 학생을 주인으로 대접해야 합니다. 청소년이 주인으로, 시민으로 살아갈 수 있는 학교는 자유롭게 입고, 말하고, 비판할 수 있는 학교일 것입니다. 학생을 위한 교육은 학생의 자유 없이는 불가능합니다.

학생자치와

정치는

관계가 없는 걸까요?

학생자치? 그게 왜 중요해?

제가 다니던 고등학교는 입시 경쟁이 치열한 학교였습니다. 성적으로 차별하며 학생들 사이의 경쟁심을 부추기는 교사들도 많았습니다. 한번은 학기 초에 급식실에서 갓 사귄 친구들과 밥을 먹고 있는데, 한 교사가 다가오더니 성적이 몇 등이냐고 물었습니다. 우물쭈물 서로 눈치를 보며 하나둘 대답하자 그 교사가 대뜸 가장 성적이 낮은 친구를 가리키며 말했습니다. "쟤랑 같이 놀면 성적 떨어지니까 같이 놀지 마라!" 그 교사를 향해 재수 없다며 뒤에서 욕했지만, 불쾌함은 계속 남았죠.

그러다가 학생회에서 활동하면 학교를 바꿀 수 있겠다는 기대를 품고 지원했습니다. 학생회장은 선거로 뽑지만 학생회는 동아리처럼 학생을 모집해 운영하고 있었어요. 마지막 단계에 학생회 담당 교사와의 면접이 있었는데요. 담당 교사의 첫 질문이 제가 전혀 예상하지 못한 것이었습니다. "성적이 좋지 않던데 왜 신청한 거니?"라고 물었거든요. 당황해서 성적을 올리겠다는 약속을 하느라 결국 왜 학생회에 참여하고 싶은지에 대한 '진짜'

이야기들은 하나도 꺼내 놓지 못하고 나와야 했습니다. 제가 생각하는 학생자치란 무엇인지, 어떤 변화를 만들고 싶은지를 이야기하고 싶었는데 말이죠.

결과는 탈락이었습니다. 성적으로 편가르기를 하는 교사들에게 '열 받아서' 학생자치에 발을 들이고 싶었지만 정작 성적 때문에 입구에서 쫓겨나다니 참 아이러니한 일이었어요. 이런 일을 겪고 나니 '학생자치는 무슨? 공부 잘하는 애들 대학 보내려고 하는 거잖아!' 하는 생각이 들면서 회의감을 느꼈습니다.

제가 학교에 다니던 시절과 지금의 학교는 얼마나 달라졌는지, 여러 가지가 궁금합니다. 여러분이 다니는 학교의 학생회는 학생들의 의견을 대변할 수 있는 구조인가요? 학교 규칙을 정하거나 바꿀 때 학생의 의견을 어떻게 수렴하나요? 학생회 선거 때 후보들이 내건 공약이 모두 잘 지켜지던가요? 또한 '학생자치'와 정치는 어떻게 연관될까요?

한국교육개발원의 2020년 기준 교육통계 데이터베이스에 따르면 초·중·고교 취학률이 90%가 넘습니다. 많은 청소년이 학교에 재학 중이라는 뜻이죠. 다수의 청소년이 수많은 시간을 보내는 공간인 만큼 학교에서 일상적 정치는 중요할 수밖에 없습니다.

학생자치가 무엇인지 생각할 때면 가장 먼저 회장 선거, 동아리 활동, 학생회 같은 자치활동이 떠오릅니다. 여러 자치활동 중 학생의 의견을 대표하는 일들은 몇몇 '뛰어난' 학생만의 일로 생각하는 교사나, 나와는 상관없는 일로 여기는 학생들도 있습니다. 그러나 학생자치의 본래 의미는 학생이 학교라는 공간의 한 구성원으로 인정받고, 자신이 생활하는 공동체의 운영과 결정과정에 주체적으로 참여하는 것입니다. 즉 학생자치는 단지 정치를 연습해 보는 교육의 의미를 넘어 학생들이 저마다 자율성을 인정받으면서 학교 내 시민으로 활동하는 '학생 정치'로 바라봐야 합니다.

((학생자치가 제대로 실현되려면))

학생자치가 제대로 실현되려면 학생이 의견을 자유롭게 말할 권리, 학교운영과 교육과정 구성에 참여할 권리가 필요합니다. 그리고 이런 권리를 제대로 행사하려면 자치활동에 필요한 시간과 공간, 예산, 안건의 구성과 결정까지 포함하는 실질적 권한이 보장되어야 합니다. 하지만 이런 권리가 보장된 학교 공간은 상상하기 어렵습니다. 한국 사회에서 이런 학교에 다녀 본 경험이 있는 시민이 거의 없기 때문입니다. '정말 학교에서 저런 권리를 보장받을 수 있다고?' 하고 고개를 갸웃하는 독자도 있을 거예요.

학교에서 학생회를 마치 학교의 '얼굴'처럼 여기다 보니 정작 본래의 목적인 학생자치는 사라지고 '모범생 이미지'만 남는 경우가 많습니다. 교사도 학생도 '스펙 쌓기'용으로 생각하거나, 학생회가 학교에서 여는 행사의 진행 도우미 정도의 역할만 수행하는 곳도 있습니다. 만약 지금과 같이 학생자치 기구는 있지만 정작 학생이 권한을 갖기 어려운 구조가 유지된다면, 학교는 앞으로도 손쉽게 학생을 통제할 수 있을 것입니다. 학생들에게 적용되는 교칙 하나도 바꾸기 어려운 상황에서 더 큰 변화를 만들어 가기는 어려울 테니까요.

학생자치가 제대로 구현되지 않을 때 학교가 학생에게 얼마나 인권침해적 공간이 되기 쉬운지를 보여 준 사례가 있습니다. 2022년 1월, 한 군인이 여성 고등학생으로부터 받은 위문편지에 조롱하는 듯한 무례한 표현이 포함되었다며 편지를 사진으로 찍어 인터넷에 올렸습니다. 그러자 해당 학교 학생들을 대상으로 신상을 파헤치고 조롱과 욕설을 퍼부으며 합성사진을 올리겠다고 협박하는 행위가 확산됐습니다. 이 사건이 언론에 보도되면서 봉사 점수를 받기 위해 사실상 강제로 위문편지를 써야 했다는 학생들의 고발이 이어졌습니다. 여성 청소년에게 군인을

'위로'하는 편지를 쓰라는 것은 성차별이라는 의견도 쏟아져 나왔죠.

그런데 학교에서 내놓은 첫 입장문에는 위문편지가 학교의 오랜 전통이라는 변명과 함께, 편지를 받고 불쾌했을 군인에 대한 사과만 존재했습니다. 오래된 전통이면 학생들을 위험에 노출시키는 의례라 해도 계속 유지해야 하는 걸까요? 학교의 입장문에 디지털 폭력의 위험에 놓인 학생을 위한 보호 조치나 위문편지 중단에 관한 얘기는 하나도 없었습니다. 학교가 '눈치'를 보는 대상에 학생은 포함되지 않았던 겁니다. 다행히 시민들의 요구로 교육청이 학생 보호에 나섰고 학교도 위문편지 쓰기 행사를 폐지하겠다는 입장을 밝혔습니다.

여기서 주목해야 할 것은 학생들에게 '거절할 권리'가 없었다는 사실입니다. 차별을 가르칠 뿐 아니라 학생들이 꾸준히 불만을 제기했던 위문편지 쓰기가 60년 넘게 '전통'이라는 이름으로 계속된 이유는 학생들이 권리에 대해 말할 수 없었기 때문입니다. 권리를 주장하고 변화를 요구할 학생자치가 보장되지 않는 학교에서는 위문편지가 사라지더라도 비슷한 일이 또다시 발생할 수 있습니다.

반대로 학생자치가 활성화되어 학생들의 의사를 반영해 교칙을 개정할 수 있고 학생이 학교운영에 적극 참여하게 된다면, 학교는 '편리한 통제 수단' 하나를 잃게 되겠죠. 학생이 민주주의를 실천하고 시민으로서의 역량을 키워 가려면 어떤 학교가 필요할까요?

학생회장 선거가 끝난 뒤 아직도 당선증이 아닌 임명장을 주는 학교가 많습니다. 학생들도 자연스럽게 내가 반장, 전교 회장으로 '임명'됐다고 받아들이는 경우가 많고요. 그런데 '왜 당선증이 아니라 임명장을 받지?' 하는 의문을 가져 본 적 있나요?

학생들 손으로 직접 뽑은 학생의 대표자인데도 '임명장'을 주는 관행이 여전한 현실은 학생자치가 얼마나 형식화되어 있는지를 보여 줍니다. 소위 '공부 잘하는 학생'이 학생회장에 출마하는 관행, 학생회장 선거 공약이나 연설문에 학교가 개입하는 일, 선출된 학생 대표자에게 공약을 실현할 실질적 힘이 없다는 문제도 있죠.

'청소년인권운동연대 지음'에서 활동하는 이은선은 고등학교 때 학생회장으로 활동했던 경험에 대해 이렇게 이야기합니다. "내가 말하는 것들이 왜 제대로 반영이 안 되지? 부회장도,

'임명된' 자와 `당선자`는 어떤 생각을 할지 말풍선을 채워 봅시다.

회장도 해 봤는데 계속 좌절을 했던 것 같아요. 내가 이루고자 하는 목표가 있었고 선거에 출마하면서 내걸었던 공약을 저는 지켜야 한다고 생각했거든요."

그런데 바로 이러한 현실이 역설적으로 학생자치의 필요성을 보여 주기도 합니다. 학생자치가 필요 없는 게 아니라, 학생들이 일상에서 자치를 경험해 보지 못했기에 그 필요를 느끼지 못한다는 게 더 적절한 표현일 것입니다. 이런 현실을 바꾸기 위해 이제 우리는 학생자치가 제대로 굴러가지 않는 학교 현실이 누구에게 유리할지, 학생자치의 의미를 잘 살리기 위해선 어떤 변화가 필요한지를 질문해야 합니다. 그리고 이 질문의 답을 함께 찾아야 합니다.

((학생자치, 더 많은 권리를 질문하다))

동아리 활동의 영역에서도 학교의 부당한 개입은 빈번하게 일어납니다. 서울의 한 청소년센터에서 만난 고등학생으로부터 동아리 활동 경험을 들었는데요. 특성화고등학교에 다닌 그는 학교 홍보 동아리에서 활동했다고 합니다. 신입생 모집을 위해 지역의 여러 중학교를 다니며 홍보를 하기 때문에 길게는 2주에서

3주는 일부 수업밖에 듣지 못하거나 학교에 아예 못 가는 일도 있었다고 해요.

그는 보충수업을 받을 방법을 찾아 달라고 학교에 건의했지만 현실적으로 불가능하다는 답변만 돌아왔다며 좌절감을 표했습니다. "친구들도 많이 실망하죠. 의견을 조사해 파일로 정리하는 시간까지 한 달이 걸렸어요. 근데 안 된다는 답변은 10~20분이면 돌아오니까 체념하고, 그다음엔 아예 의견을 내지 않아요. 어차피 받아들여지지 않는데 의미가 있을까 하는 거죠."

그의 경험은 자치활동 과정에서 학생들이 장벽에 부딪혀 체념하게 될 때 어떤 결과가 빚어지는지를 이야기해 줍니다. 요즘 학생들이 '무기력'해서 학생자치에 관심을 보이지 않는다고 한탄하는 사람들도 있지만, 그 전에 학생들에게 '참여하는 기쁨'이 있었는지를 먼저 질문해야 합니다. 참여할 수 있는 내용이나 방식이 지나치게 제한적인 상황에서 겪는 권한 없음의 허무함이 '말해 봤자 소용없어'라는 마음을 만들어 내고 있는 것은 아닐까요?

학교운영위원회 참여권도 그렇습니다. 현재 초·중등교육법 제31조에 따르면 학교운영위원회는 그 학교의 교원 대표, 학부모 대표 및 지역사회 인사로 구성됩니다. 이 구성에 학생은 빠져 있기에, 학교의 대소사를 결정하고 학생들의 삶과 밀접한 변화를 만들어 내는 기구인 학교운영위원회에 학생은 참여할 수 없습니다. 그래도 최근에는 학생들이 학교 활동을 스스로 기획하고 운영하는 사례가 많아지는 추세입니다. 학생인권조례가 제정된 지역에서는 학생이 교장에게 면담을 요구할 권리를 조례에 명시해 학생의 참여권을 강화하려는 노력도 이어지고 있고요. 또 2017년 '초·중등교육법 시행령'이 개정되면서 학생 생활과 밀접하게 관련된 사항에 대해서는 학교운영위원회에서 학생 대표가 의견을 전할 수 있게 되었습니다.

그런데 교육부가 2020년 국회에 제출한 '학교운영위원회 주요 운영 현황' 자료에 따르면, 2019년 한 해 동안 학생이 사전 의견 수렴, 안건 제출, 회의 참관 등의 방식으로 참여한 경우는 전국 국·공립학교 중 29.9%였고, 직접 회의에 참여한 경우는 11.8%에 불과했습니다. 학생의 의견을 수렴조차 하지 않는 채로 학교운영위원회를 운영하는 학교가 70% 가까이 된다는 것은 커다란 문제입니다. 이런 문제가 발생하는 것은 같은 조항에서 학부모의 의견은 반드시 듣도록 밝혀 둔 것과 달리 학생의 의견 청취 절차는 학교장 재량에 맡겨 두고 있기 때문이기도 하죠.

실질적 자치가 이뤄지는 학교를 만들려면 학생자치권의 내용과 절차에 대한 고민도 더욱 확장되어야 합니다. 학생자치권을 상상할 때 같이 생각해 보면 좋을 문장이 있습니다. 여러분은 아래의 문장에 동의하시나요?

'학교생활 규정 개정 시 교사, 학생, 학부모의 의견은 1:1:1로 반영해야 한다.'

어떤 사람은 끄덕끄덕할 것이고 어떤 사람은 갸웃하겠지요. 정답은 없습니다. 하지만 단순히 비율을 따지는 것을 넘어 더 깊은 고민이 필요하다는 점만은 분명합니다.

1:1:1이라는 비율이 얼핏 보면 공정해 보이기도 하죠. 하지만 학생들의 숫자가 훨씬 많다는 점을 생각하면 '교사 의견과 학생 의견을 동등한 비율로 반영하는 것이 합당한 일인가?' 하는 반문도 생깁니다. 민주주의의 기본은 1인 1표인데 학생들에게는 왜 1표씩 주어지지 않는 걸까요? 또 학교생활 규정이면 교사의 생활에 대한 규정도 포함해야 할 텐데 왜 대부분의 학교에서는 학생의 생활만을 문제 삼는 걸까요?

아울러 학칙을 행해야 할 사람은 학생인데 왜 교사와 학부모가 그 내용을 정하는지도 궁금해집니다. 이런 질문이 생략될 때, 굉장히 민주적이고 학생자치가 활성화되어 있는 것처럼 보이는 학교에서도 실상은 학생자치를 형식적 차원에 가두어 버리는 결과가 빚어집니다.

여러분은 혹시 '회장, 학생회장은 투표로 뽑는데 왜 학교장은 투표로 뽑지 않는 거지?'라는 의문을 가져 본 적 있나요? '학교장을 투표로 뽑는다니 그게 말이 돼?' 하고 생각하는 사람도 있을지 모르겠네요. 그런데 이런 일이 '말이 되는' 나라도 있습니다. 독일, 일본 등에서는 한국과 달리 학교 내 협의 기구, 자치 기구들이 중심이 되어 교장을 '선출'하고 있거든요. 별도의 교장 자격증을 요구하거나 승진 순서에 따라 뽑기보다 현재 교장에 적합한 사람인지를 평가하는 교장공모제를 채택한 것입니다. 이런 제도는 '교장도 교사다'라는 사회적 분위기 아래 마련되었다고 합니다.

교장과 일반 교사 사이를 가르는 별도의 자격이 교장에게 요구된다면 교장과 교사 간에도 위계가 발생할 수밖에 없습니다. 그리고 이렇게 위계적인 학교에서 학생자치는 더욱 어렵겠죠. 한국에서도 교장공모제를 실행한 학교가 더러 있지만, 정작 학생에게는 투표권이 없습니다. 학생자치권이 학생 자신과 관련된 일부 문제로 한정되어 있는 거죠.

(('학교의 정치화'를 걱정하는 당신에게))

자신이 속한 공동체에서 일어나는 어떤 일들을 함께 결정하고 해결해 나가는 것을 정치라고 한다면 학교에서는 늘 정치가 행해지고 있지 않나요? 게다가 학급당 학생 수, 수업시수, 학교 교육과정과 교과서 내용, 무상급식, 학생들의 진로와 연관된 일자리 정책, 교사 양성과정이 모두 정치와 연결되어 있죠.

교사나 학부모는 선거나 학교운영위원회를 통해 이러한 정치과정에 직간접적으로 참여할 수 있지만 학교 구성원인 학생은 그렇지 않습니다. 그래서 자기 지역의 교육감 이름조차 알지 못하는 학생이 많습니다. 학생들 대다수에게 교육감 선거권이 없고, 살고 있는 지역의 교육정책이 어떻게 결정되는지도 알 기회가 없기 때문입니다. 학교에서부터 자치권이 제대로 보장되지 않는데 더 넓은 정치의 영역에 참여할 기회가 없는 것은 어쩌면 당연한 결과일 것입니다.

그런데도 학생들은 학교에서 고군분투하며 학생인권 침해, 성희롱·성폭력 등에 문제를 제기하는 '정치적 행동'을 꾸준히 해 왔습니다. 그리고 그런 학생들의 힘으로 학교가 조금씩 학생인권을 보장하는 공간으로 바뀌어 왔죠. 학교 울타리를 넘어 교육정책에도 변화를 일으켰습니다. 2015년 정부에서 한국사 교과서를 국정화하려는 시도가 있었을 때는 '국정교과서 반대 청소년 행동'이 역사 왜곡의 문제를 지적하는 집회를 기획해 학생들이 무엇을 배울지를 결정하는 과정에 대해 제 목소리를 내기도 했죠.[8]

학생자치나 학생의 정치 참여를 반대하는 사람들은 학생들의 목소리가 커지면 학교가 정치화되는 것 아니냐며 우려합니다. 어떤 공간도 정치와 무관한 곳은 없음에도 학생에게만 정치적 행동을 금지하는 것 자체가 매우 정치적인 행위 아닐까요?

인터뷰에서 만난 서울시교육청의 한 장학사는 학교에서 정치 얘기가 금기시되는 이유에 대해 다음과 같이 말했습니다. "학생들이 판단할까 봐, 자아가 생길까 봐 두려워하는 거죠. 그래서 자아가 생기지 않게 하려고 최선을 다해 방어하는 거죠. 너무 많은 어른이." 학생이 생각하고 판단하는 시민이 될까 봐 두려워하는 마음은 학생의 참여를 배제하는 학교문화 속에서 무럭무럭 자라 왔습니다.

이 공고한 장벽을 뛰어넘으려면 학생을 단지 '정해진 교육을 받아야 할 대상'이 아닌, 함께 학교 공동체를 꾸려 나가는 동료 시민으로 대하는 사람이 늘어나야 합니다. 광장에서도, 학교에서도 청소년이 시민으로 존재하려면 학생자치를 권리로 바라보는 인식 변화가 필요합니다. 학생자치는 민주주의의 '예행연습'이 아니라 학생들이 학교 전반을 변화시켜 나갈 수 있는 민주정치 실현의 장입니다. 학교 안의 청소년 시민에게 학생자치권이 '장식'이 아닌 '현재의 권리'가 될 때 우리 사회의 민주주의도 확장될 수 있을 것입니다.

학생이
아랫사람인가요?

"반말해 주면 저도 반말할게요"

2017년 울산광역시교육청에서 지역의 각 학교로 공문을 보냈습니다. 공문에는 학생에게 반말을 하지 말고 존댓말을 사용하라는 내용이 담겨 있었죠. 교육청에서 별 공문을 다 보낸다며 반발하는 교사들도 있었습니다. 당시 울산에서 학교를 다녔던 이은선은 교사로부터 이런 말을 들었다고 합니다. "이제는 학생에게 반말하지 말라고 그러네. 아주 '학생님'이라고 불러야 되겠어?"[9]

존댓말 사용에 대한 교사들의 반발은 그만큼 학교라는 공간이 학생을 아랫사람으로 여기는 문화에 익숙하다는 것을 보여 줍니다. 교사와 학생의 관계가 동등하지 않은 환경에서는 학생 인권 침해가 빈번하기에 언어문화를 개선해 학생을 존중하는 학교를 만들자는 뜻에서 이 공문이 발송됐던 것입니다.

지금도 상황은 크게 달라지지 않았습니다. '학생님'이라고 불러야 하냐는 비아냥도 있다지만 '님'은커녕 '야'라고 불리는 경우가 더 많죠. 청소년인권운동연대 지음에서 2021년에 진행한 '학교 내 나이 차별적 언어문화 실태 조사'에 따르면 설문에 참여한 학생 697명 중 70%가 '평소 수업 중 교직원에게 하대를 받은 적 있다'라고 답했습니다. 학교에서 교사로부터 주로 '야'라고 불리고 있다는 학생도 71%나 됐죠. 반면 평소 수업이 아닌 공개 수업·교내 방송 등의 자리에서는 이런 경험이 34%로 절반 가까이 줄어들었는데요. 실은 교사들도 무엇이 '하대'인지 알고, 학생을 하대하면 안 된다는 것 역시 모르지 않는다는 걸 보여 주는 지표입니다.

물론 존댓말을 쓴다고 해서 교사와 학생 사이의 위계가 사라지는 것은 아닙니다. 두 존재 사이에 있는 힘의 기울기가 단순히 호칭만 바꾼다고 달라지는 것은 아니니까요. 그렇다면 어떤 변화가 이어질 때 학생이 시민으로서 대접받을 수 있을까요?

한국인에게 익숙한 질문에서 출발해 봅시다. 여러분도 많이 해 보았거나 들어 봤을 질문, 바로 "몇 살이세요?"입니다. 우리 사회에선 사람을 알아가는 첫 단계를, 나이를 따지는 일로 시작하는 경우가 많죠. 누가 누구에게 존댓말을 해야 하는지를 알아내야 대화를 이어 가기가 쉽다고 여기기 때문입니다. 그만큼이나 우리는 위계를 따지는 데 익숙하고, 그게 언어로 드러나는 사회에서 살고 있습니다.

학교로 인권 교육을 가서 학생들에게 "○○ 씨", "☆☆ 님" 하고 부르면 어색해하는 반응을 종종 마주합니다. 아마 그렇게 말하는 비청소년을 처음 만나 봤기 때문일 거예요. 반말해도 괜찮다고 말하면 "에이, 어떻게 그래요? 선생님인데!" 하는 반응이 주를 이룹니다. '이거 농담이겠지?' 하고 믿을 수 없다는 얼굴로 어리둥절해하는 이들도 많고요.

"학생 여러분이 저한테 반말해 주면 저도 반말할게요."[10] 만약, 새 학기 첫 수업에서 교사가 이런 말을 한다면 여러분은 어떨 것 같나요? 이 말은 서울의 한 고등학교에서 수학을 가르치는 교사 이윤승이 첫 수업에서 꺼내는 말입니다. 그도 수업 시간에는 기본적으로 존댓말을 사용하지만, 반말을 쓰는 것에 동의하는 학생과는 '상호 반말'을 합니다. 존댓말이든 반말이든 서로 '같은 말'을 사용함으로써 권위를 없애고 편하게 이야기를 나누자는 것이 위 제안의 핵심이었죠. 그리고 언어의 변화는 곧 대화의 변화, 관계의 변화로 이어졌습니다.

상호 반말 쓰기에 참여했던 한 학생은 언론과의 인터뷰에서 "다른 교사와 달리 '이윤승'은 부담감 없이 만날 수 있어 좋다. 거리낌 없이 다가갈 수 있는 사람이 주변에 있다는 건 행복한 일"[11]이라고 말했는데요. 다른 학생들도 반말을 쓸 때와 존댓말을 쓸 때 '대화의 질'이 달라졌다고 이야기합니다. 기존의 관계에선 '이렇게 말해도 되나?'를 먼저 검열하다 보니 말을 고르게 됐는데, 서로 반말을 쓰니 거침없이 고민이나 의견을 털어놓고,

자연스럽게 얘기를 나누게 됐다는 학생들이 많았습니다. 교사와 마음껏 의견을 내고 토론할 수 있는 관계가 된 거죠.

앞에서 소개한 청소년인권운동연대 지음의 '학교 내 나이 차별적 언어문화 실태 조사'에서는 참여자의 79%가 '나이에 상관없이 서로 존대하고 친한 관계에서만 말을 놓는다면 더 평등하고 민주적인 학교가 될 것이다'라고 답했습니다. 언어가 바뀐다고 동등한 관계가 되는 것은 아니지만 수평적 언어 사용이 교사-학생 간 일방적 순종 관계를, 질문이 살아있는 관계로 바꾸는 출발점이 될 수는 있지 않을까요?

((말하기가 '주제넘은 일'이 되지 않으려면))

학교생활의 언어적 위계는 교내 시설에서도 확인할 수 있습니다. 건의함이 그 예인데요. '건의'는 어떤 문제에 대한 의견이나 희망을 내놓는다는 의미입니다. 학생이 건의함에 희망 사항을 낼 수는 있지만, 그 의견을 검토하고 어떻게 처리할지 결정할 수는 없습니다. 그렇다면 건의와 한 글자만 다른 단어, '협의'의 뜻은 뭘까요? 둘 이상의 사람이 서로 협력해 의논하는 것입니다. 희망 사항을 제출하고 반영해 주길 기다리는 모습과 협력해 함께 의논하는 풍경은 사뭇 다르죠. 지금의 사회에서 '학생과 교사', '학생과 학교'를 떠올릴 때 협의까지 함께할 수 있는 관계를 먼저 상상하는 사람은 많지 않을 듯합니다.

교사와 학생 사이의 권력이 만들어 내는 풍경은 학교의 일상 속 다양한 순간에 녹아 있습니다. 교사의 질문을 받으면 긴장하거나 곤란해하며 눈을 피하는 학생이 많을 텐데요. 학생들이 대화를 피하게 되는 이유에는 여러 가지가 있습니다. 학생이 질문에 답하거나 새로운 의견을 내는 것이 왜 어려운지를 이해하려면 교사와의 대화에서 어떤 반응을 주로 경험하고 있는지를 먼저 살펴야 합니다. 촛불청소년인권법제정연대가 2019년에 전국 2,871명 중·고등학생을 대상으로 조사한 학생인권실태조사에 따르면 선생님에게 가장 바라는 것으로 '학생을 존중하는 태도'가 50.80%로 가장 높았고, '학생과 소통하는 수업'이 34.80%로 뒤를 이었습니다. '존중받으며 소통하고 싶다'라는 욕구가 높은 것은 현실은 그렇지 못하다는 반증이기도 하죠.

상호 존중을 바탕으로 하지 않는 관계에서 친밀함을 가장해 휘두른 권력이 학내 성폭력으로 이어지기도 합니다. 2017년 국가인권위원회에서 발표한 초중고 교사에 의한 성희롱 실태 조사에 따르면, 학생들이 생각한 교사의 성희롱 사유로 '학생들과 격 없이 지내기 위해', '생활지도 차원에서', '학생들을 재미있게 해 주려고'가 주된 응답이었는데요. 격 없이 지내려는 마음과 성희롱이 어떻게 같은 선상에 놓이게 되었을까요? 그 원인은 '일방적 결정'에 있습니다. 친밀성의 내용과 관계를 교사가 일방적으로 결정할 때 학생의 사적 경계선을 침범하는 결과로 이어지는 거죠. 2018년에 터져 나온 스쿨 미투 고발은 교사의 사랑이라는 이름으로 유지되어 온 '친밀한 권력'에 대한 폭로였던 셈입니다.

학내 성폭력 고발이 이어지자 어떤 사람들은 "그렇게 떳떳하면 앞에서 말하지!", "이제 와 이럴 게 아니라, 그때 거절하거나 신고를 했어야지!" 하는 말을 얹기도 했습니다. 하지만 그렇게 발 빠른 대처가 가능할 만큼 '말하기 편한' 학교의 환경이 조성되어 있었을까요? 스쿨 미투 운동에 함께했던 청소년 페미니스트 네트워크 '위티'의 활동가 양지혜는 학생들이 교사의 문제 있는 발언을 즉시 제지하거나 반박하지 못하고 SNS나 포스트잇을 통해 고발하게 된 이유를 이렇게 설명합니다. "만일 교사와 학생의 관계가 보다 평등했다면, 그래서 불편함을 문제 제기하는 일이 '주제넘은 일'로 여겨지지 않았다면 어땠을까? 공론화하지 않아도 문제 제기가 받아들여질 거라는 확신이 있었다면 상황은 분명히 지금과는 달랐을 것이다."[12]

교사와의 관계에서 갈등이 발생할 때, '사건화'하지 않으면 문제를 해결하기 어려운 것이 지금의 현실입니다. 게다가 생활기록부 집필의 권력을 쥐고 있는 교사에게 밉보였다가 입시에서 큰 타격을 입을까 두려워 불만이 있어도 입 밖으로 꺼내기 어렵습니다. 폭력의 피해를 입은 것은 학생의 잘못이 아니며, 시간이 지난 뒤 문제를 제기하는 것은 말하기의 어려움 속에서도 용기를 냈기에 가능한 일이지, 더 빨리 말하지 못했다고 비난받을 일이 아닙니다.

양지혜의 말처럼 학생들이 제때 불만을 제기할 수 있고, 학생과 교사 사이에 오해가 발생하더라도 터놓고 말할 수 있는 관계라면 다양한 창구에서 문제가 해결될 수 있었을 겁니다. 결국 민주적이고 평등한 학교를 만드는 핵심은 '관계'입니다. 평등한 관계 속에서 교사와 학생이 더 다양하게 소통하며 관계를 맺을 수 있는 거죠.

(('체험'이 아닌 '경험'의 교육))

만 18세 투표권 통과와 맞물려 학생인권에 대한 사회적 관심이 늘어나고 '학생 시민'에 대한 인식이 달라지면서 학교교육의 과정과 수업 방식에도 차츰 변화가 일고 있습니다. 민주사회를 이

룩할 수 있는 시민을 양성한다는 목표로 민주시민교육이나 정치교육도 늘어나고 있고요. 그런데 '가르침'을 받으면 시민이 될 수 있는 걸까요? 학생들이 교육의 공간에서, 현실의 삶에서 민주주의를 실천할 수 있어야 시민의식도 자연스럽게 자랄 수 있는 것 아닐까요? 나아가 학생은 이미 우리 사회의 시민이라는 관점이 필요합니다.

민주주의사회의 시민이 보장받아야 할 정치적 권리가 단순히 투표권만은 아닙니다. 교육 현장에서 학생이 시민으로 존재하려면 다양한 정치적 권리를 단지 교실에서 학습으로 '체험'하는 게 아닌, 교육과정 전반에서 '경험'할 수 있어야 하죠. 학교 토론 수업에서는 대개 뉴스에서 보도하거나 사회에서 화제가 되는 이슈를 두고 이야기를 나눌 것입니다. 그런데 막상 학교 구성원으로서 부당하다고 생각하는 점이 있을 때 학교에 공식적으로 문제를 제기하고 토론할 수 없다면 어떨까요? '가르침'으로 '배운' 토론의 가치는 실종되고, 민주시민의 자리 역시 사라지겠죠. 학교의 일상에서 학생의 정치적 상상과 행동이 가로막힐 때 결국 시민의 권리를 체감하기도 어려워집니다.

과거와 비교하면 생각을 표현하고 토론하며 모둠별로 협력하는 수업이 많아지면서 학생의 의사소통 역량이나 비판적으로 사고하는 힘이 커졌다고 볼 수 있겠죠. 이를 바탕으로 정치 이슈에 관심을 갖고 사회문제 해결을 위한 일에 참여하는 학생들도 늘어났고요. 하지만 교육 현장에서 청소년은 여전히 일방적으로 지식과 정보를 전달받는 처지인 경우가 많습니다. 국회가 어떻게 구성되어 있는지, 대통령의 임기는 몇 년인지, 국가 조직이 행정부·사법부·입법부로 분리된 이유는 무엇인지 등 민주주의 제도에 대한 교육도 중요한 것은 맞습니다. 하지만 여기에서 더 나아가지 못한다는 것이 문제죠. 지식의 전달에서 그치는 정치교육은 학생의 삶과 정치를 분리시킵니다. 사회는 어떻게 정치 수업을 개편할지가 아니라, 어떻게 학교를 생생한 정치의 현장으로 구성할지를 고민해야 합니다.

((수업시간에 교사와 논쟁할 권리))

학교교육이 생각을 나누는 정치적 논쟁의 장으로서 기능하려면 먼저 '소통'이 필요합니다. 멀리 갈 필요 없이 당장 수업시간에 눈치 보지 않고 말할 권리가 있어야겠죠. 서울의 한 고등학교에 다니는 교사 조영선은 "학생들이 수업에 적극적으로 참여하기 위해서는 '눈치 보지 않고 발표할 권리'가 보장되어야 하지만, 잘못된 발표가 생활기록부 기재의 근거가 될까 봐 조마조마해

한다. 그래서 오직 비판받을 가능성이 없는 정답 발표만이 존재한다"라고 말합니다.[13]

게다가 어떤 교사들은 학생들의 질문을 자신에 대한 도전으로 여기기도 합니다. "너 지금 뭐라고 말했어?", "너 일어나서 말해 봐" 식의 발언이 대화나 토론을 이어 가기 위한 초대로 전달되지 않는 건 당연한 일 아닐까요? 이러한 교육 현장 속에서 학생들은 수많은 질문을 꾹꾹 눌러 왔습니다. 학생의 이야기를 교사에 대한 도전이나 오답으로 여기는 환경에서 질문은 사라질 수밖에 없죠.

그렇다면 청소년을 동등한 시민으로, 동료로 만난다는 감각은 어떻게 만들어질까요? 인터뷰에서 만난 서울시교육청의 한 장학사는 정부와 사회가 주목하고 있는 '민주시민교육'이 제대로 이루어지기 위해서도 교사와 학생이 "맞짱 뜨고 싸울 수 있는" 문화가 필요하다고 말합니다. "논쟁을 교실에서 재현하려면 같이 이야기해 주는 게 교사의 역할이지. '너 태도가 왜 그래?'라고 반응하는 순간 여기서 그 관계는 끝난 거예요. '너는 내 말을 들어야 하고 공손하게 굴어야 해'라는 전제를 가진 두 인간관계가 어떻게 동등하게 토론을 해요?"라는 그의 말이 잊히지 않습니다.

'맞짱'은 일대일로 맞서 싸우는 상황을 의미하죠. 맞짱이라고

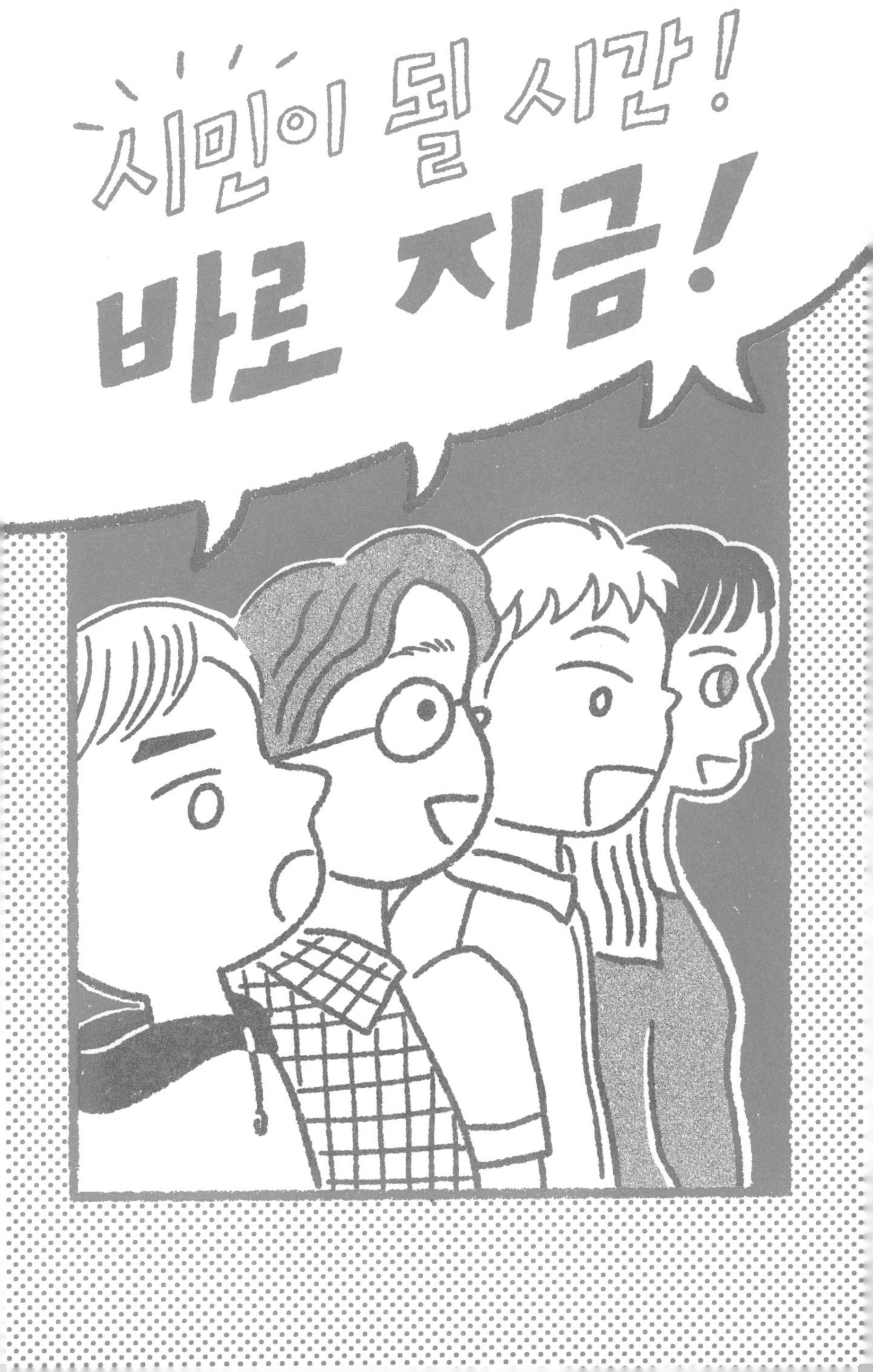
시민이 될 시간!
바로 지금!

표현할 정도로 최선을 다해 자기 의사를 표현하고 주장을 펼치려면 교사와 학생이 동등하게 논쟁할 수 있는 자유로운 학교문화, 교실문화가 우선되어야 합니다. 하지만 지금의 학교에서 이런 대화가 가능하도록 교사의 권위를 내려놓는다는 게 쉬운 일은 아닙니다. 수평적인 교실문화를 경험하지 못한 사람들은 '말이 넘치는' 학교는 그저 시끄럽고 위험한 것으로만 보기 때문입니다.

교사와 학생이 서로 배움을 주고받는 관계라면 구성원들이 깨달음을 나누며 함께 성장하는 학교가 되지 않을까요? 생각을 터놓고 말하고, 때로 다른 의견을 내며 경합하는 시간은 교사의 권위를 실추시키는 과정이 아니라 '청소년의 시민 되기'를 지지하는 과정입니다.

(('말할 권리'는 '들릴 권리'를 필요로 한다))

교사와 학생의 관계를 새롭게 쓰는 과정은 결국 학생을 '아랫사람'으로 여겨 왔던 학교의 일상을 뒤흔드는 일이 될 것입니다. 오랫동안 사람들은 이 변화가 학교에 위기나 불안을 가져올 것이라 지레 겁먹어 왔습니다. 그런데 구성원 사이의 불평등한 관계를 유지해 온 그동안의 학교에는 위기가 없었나요? 학교에서 겪는 위기를 사회에 알리는 데 더 큰 어려움을 겪어 온 사람들은 정작 누구인가요? 시대의 흐름에 따라 사회의 모습도 달라지기 마련인데 변화를 두려워하는 사람들은 무엇을 불안해하는 걸까요? 이제는 이 질문에 대한 답을 찾을 때입니다.

인권 교육을 요청한다면서 "요즘 애들이 너무 예의가 없어요. 자기 권리만 내세우기 전에 다른 사람의 권리부터 존중하는 자세를 가르쳐 주세요!"라고 말하는 교사들을 종종 만납니다. 그런데 막상 교육을 요청한 학교에 가 보면 학생을 존중하지 않는 학교문화를 확인하게 되는 경우가 대부분입니다. 여기서 우리가 기억해야 할 중요한 사실이 있습니다. 애초 공공기관인 학교에서 교사와 학생은 상호 존중해야 할 공적 관계가 아니던가요? 어떤 시간을 함께 쌓느냐에 따라 친해질 수도 있지만, 기본적으로 학교라는 공간에서 만나는 동안 서로 예의를 갖추는 건 당연한 일입니다.

'어린 사람'은 어디에나 있습니다. 농촌에서의 50대, 일터에서의 30대, 대학에서의 20세, 갓 부임한 교사도 어느 순간에는 '어린 존재'의 자리에 놓이게 되죠. 나이의 많고 적음은 관계 속에서 상대적이기에, 누구나 연령으로 인한 차별을 겪을 수 있습니다. '말할 권리'는 필연적으로 '들릴 권리'를 필요로 합니다. 아무리 말해도 중요하게 듣지 않는다면 그의 말이 권리가 되지 못하기 때문이죠. 어린 존재를 아랫사람으로 여길 때, '들릴 권리'는 쉽게 사라집니다. 교사와 학생이 평등한 시민으로 마주할 수 있을 때 더 많은 공동체에서, 더 많은 사람이 인생의 그 어느 시기에서도 말하고 듣는 존재로서 '자기 몫'을 잃지 않고 살아갈 수 있을 것입니다.

학생들에게 배울 게 있다고 생각하기를

학교문화를 인권의 관점에서 분석한 책을 접한 뒤 '비정상적'으로 느껴지는 학교의 현실을 바꾸려는 걸음을 시작한 한울 님을 만났습니다. 그는 중학교 3학년 때 학생인권과 관련된 공약을 내걸고 학생회장 활동을 시작하면서 많은 어려움을 겪었다고 합니다. 학교에서 학생인권을 이야기하는 것이 일상에서 청소년이 '인간 대접', '시민 대접' 받는 것과 무슨 연관이 있는지 답을 얻을 수 있는 만남이었습니다.

'학생회' 하면 주로 모범생들이 하는 것, 대입 스펙을 쌓기 위한 활동쯤으로 여기는 사람이 많을 텐데요. 한울 님은 학생의 의견을 대표하는 공식 기구로서 학생회가 제 역할을 하도록 많은 노력을 쏟은 걸로 알고 있어요. 한울 님은 학교에 어떤 변화를 만들고 싶었어요?

한울 두발 규제 없앤다는 공약을 걸었고요. 원래 학생회 부서가 쓸데없는 게 너무 많았어요. 예를 들면 인성부 이런 거. 선생님들이 시키는 인성 캠페인 같은 걸 하는 부서였어요. 그래서 쓸데

없는 걸 없애고 인권부를 만들었어요. '건의함'이 아니라 '인권함'을 만들어서 학생인권 침해 사례를 학생들이 넣으면 우리가 해결해 주겠다고 했어요. 무슨 대책이 있었던 거는 아닌데 일단은 그랬고요. 복장은 큰 건 아니었고 되게 간단한 건데, 교복 재킷을 입고 패딩을 입어야 하는 규정을 바꾸겠다고 했어요. 교복 재킷 안 입고 그냥 패딩을 입을 수 있게 하고 화장 규제 없애겠다는 공약을 내걸었어요.

인성부가 아니라 인권부로 바꿨다는 이야기가 인상적이네요. 내세운 공약이 잘 지켜지게 학교를 설득하는 과정도 쉽지 않으셨을 것 같아요.

한울 그러니까 저는 《인권, 교문을 넘다》라는 책에 담긴 내용대로 학교 현실이 되어야 한다고 생각을 했는데요. 당연히 저희가 이야기를 하면 바뀔 줄 알았어요. 근데 선생님들의 반응이…… 큰 반향이 있었어요. 생각지도 못했던 너무 큰 압박이랄까? '진짜 별 게 아닌데 왜 안 해 주지?' 할 정도로요. 이런저런 걸 얘기했는데 학교에서는 교사의 권위를 침해한다고 생각하고, 엄청 큰 일을 꾸민다고 여기더라고요. 그런 반응이 저를 더 싸우고 싶게 만들었어요. 부딪힐수록 더 해야겠다고.

더 싸우고 싶어졌다고요? 그렇다면 문제를 문제로 받아들이지 않는 학교

에서 변화를 만들기 위해 어떤 시도를 더 해 보셨나요?

한올 중·고등학교 두발자유화를 요구하는 〈팔레트〉 프로젝트▶를 친구들, 후배들이랑 진행했어요. '한 명이 염색을 하면 그 사람을 처벌할 수 있을 텐데, 다 같이 염색하면 어떻게 될까? 다 처벌할까? 우리가 다 같이 어겨 보자, 우리가 시작이 돼서 다른 애들도 그렇게 하라고 해 보자!' 그렇게 생각을 했었거든요. 학교에 염색하고 갔더니, 제가 검은색으로 다시 염색을 해야지 두발 관련 논의가 시작될 거라고 선생님이 이야기하더라고요. 저는 그 말을 못 믿었고 만족이 안 됐어요. 그래서 "학교 규정을 개정할 때 개정위원회의 절반을 학생으로 해 줘라. 그렇게 하면 검은색으로 염색하고 오겠다"라고 했는데 그거는 안 된다고 선생님이 그러더라고요.

학생회장을 하면서 염색을 하고 학교에 가는 게 쉬운 결정은 아니었을 것 같아요. 학생회의 의견이 제대로 전달되려면 어떤 변화가 더 필요하다고 생각하세요?

한올 교사나 어른이나 나이 많은 사람이 더 어린 사람이나 학생

▶ 팔레트처럼 머리카락에도 다양한 색을 담을 수 있다는 의미를 담은 원주 지역 중·고등학교 두발자유화를 위한 프로젝트.

들한테 배울 게 있다는 생각을 하면 좋겠어요. 그게 너무 안 되는 것 같아요. 배울 건 배우고 알려 줄 건 알려 주면 되잖아요? 근데 배울 건 없고 알려 줄 것만 있다는 느낌? 예를 들면, 이건 상상인데요, 청소년인 교사가 있으면 동료 교사로 인식할 수도 있잖아요. 지금의 교사는 청소년이 할 수 없는 거잖아요. 정치인도 그렇고. 물론 거기서도 편견이나 차별이 있겠지만 청소년과 동등하게 만날 가능성을 높이게 되지 않을까요? 청소년 정치인이 나온다면 청소년에게는 배울 점이 없다고 단정 짓는 생각이 좀 없어질 것 같아요.

현재 학교는 학생과 교사의 관계를 대화나 토론이 가능한 관계로 여기지 않는다는 데 동의해요. 변화가 더디지만, 학생들이 중간에 포기하지 않고 활동을 계속하려면 어떤 경험이 더 필요할까요?

한울 선생님들한테 뭘 잘 요구하지 않는 이유가 '말해도 안 될까 봐'……, 그게 제일 크거든요. 불만이 응축돼 있는데 그걸 끌어내 문제를 제기하는 시도가 너무 적은 게 아쉬워요. 맞서는 기회가 있으면 바꿀 수 있고, 바꿀 수 있다는 걸 경험하면 더 자신 있게 이야기할 수 있지 않을까요? 오래 걸리더라도 바뀌긴 바뀌는구나, 이런 생각이 또 다음 활동을 하게 하지 않을까 싶어요. 우리 학교는 제가 고3 때 두발자유화가 됐거든요. 여럿이 함께 노력해 학생들 사이에 공감대가 만들어졌어요. 이런 변화를 보니까 말하는 게 중요하다는 생각이 들더라고요. 변화의 경험이 있으면 더 자신 있게 말할 수 있을 것 같아요.

지금의 학교에서는 자기 생각을 자유롭게 이야기하기보다는 말을 삼키고 마는 학생이 더 많을 듯해요. 그런 경험을 통해 주체성을 잃어 가고요. 청소년의 주체성을 이야기하면서 최근 '교복 입은 시민'이라는 말이 자주 쓰이는데요. 청소년이 시민이라는 말, 한울 님에게는 어떤가요? 잘 와닿나요?

한울 시민? 저는 시민이라는 개념보다는 인간이라는 생각을 많이 했어요. 인간으로 대우받지 못할 때가 많으니까요. 인간다운 대우를 못 받을 때 우리도 똑같은 사람인데 똑같은 사람으로 안 쳐준다는 느낌이 들어요. 시민이라고 하면 약간 정치와 연결되는 느낌인데, 인간은 인권이라는 말과 통하는 느낌이에요. 학생 인권, 이런 느낌. 지금은 학생이 학교 안에서 같은 사람인데 사람이 아닌, 그런 상황 같아요.

숨 가쁜 입시 경쟁 속에서 인권을 말하거나 선생님에게 대항하기는 쉽지 않을 거예요. 학생인권, 교육제도를 비롯해 일상의 불편함에 대해 이야기하는 것과 정치가 어떤 점에서 연결될까요?

한울 넓은 의미에서 보면 우리 일상이 다 정치랑 연관되어 있잖아요. 근데 친구들이랑 이야기하는 정치는 의미가 너무 퇴색됐다고 느껴요. '정치질 하지 마라', 이런 표현을 쓸 때는 누가 선동한다거나 머리를 써서 누구를 욕 먹이거나 할 때죠. 이런 일에 정치라는 말이 쓰이는 것이 별로라고 생각해요. 그러니까 교육제도가 정치와 연결된다는 생각은 잘 안 하게 되죠. 청소년의 삶에서도 정치와 선거가 영향을 끼친다는 생각을 선뜻 못 하게 되고요. 우리가 요구를 해서, 우리가 뽑은 국회의원이 그 요구를 받아들여서 바뀐, 그런 성공 경험이 있다면 정치가 좀 더 와닿을 것 같아요. 사실 아직 누군가를 뽑아 본 적도 없으니까 정치와 삶의 연관성을 체감하기가 어렵달까요.

한울 님 이야기를 들으니 아직 갈 길이 멀었다는 생각이 드는데요. 그래도 선거권 연령이 18세로 낮춰지면서 학생들의 삶에 조금이나마 변화가 있었나요?

한울 〈투표하자, 18〉 프로젝트를 진행했었는데요. 정치인이 되게 똑똑하고 훌륭한 사람들인 줄 알았는데 가까이서 만나 보니 그렇지 않다는 걸 많이 느꼈어요. 이럴 거면 정치를 우리가 하는 게 낫겠다고 농담처럼 얘기할 정도였죠. 특히 정치인과 말을 해 보면 느껴지잖아요. 후보자들이 많이 얘기했던 게 건물 같은 거 짓겠다, 청소년이 놀 수 있는 공간 짓겠다……, 그리고 뭐가 있었더라? 사실 진짜로 청소년을 위한 공약은 거의 없었어요.

마지막에 하고 싶은 말을 물어보면 '뽑아 주세요'라고 답할 줄 알았거든요. 근데 뭐라 했더라? '이렇게 살아라', '열심히 살아라' 이런 이야기를 했어요. 한두 명이 아니라. 우리를 유권자가 아니라 자식 대하듯 알려주려고 하고, 정치에 관심을 가져야 된다고 하더라고요. 자기 어필을 하는 게 아니고. 그런 거에서 청소년을 어떻게 인식하는지 느꼈어요. 그리고 '라떼는'이 너무 많이 나왔어요. 자기 고등학교 때 이야기하고. 그런 게 다 안 좋은 건 아니지만 참 답답하더라고요.

서한울 님의 이야기를 들으면서 청소년이 시민은커녕 '인간 대접'이라도 제대로 받고 있는지 새삼 되새겨 보게 되었습니다. '청소년'과 '시민', 이 두 단어의 연결이 어색하게 느껴진다는 이야기도 나누었지만, 그 간극을 줄이고 있는 한울 님의 활동에서 변화의 가능성도 확인할 수 있었어요. 두 단어가 왜 더 가까워져야 하는지 깨달을 수 있는 시간이었습니다.

사회는 청소년 시민을 맞이할 준비가 되었나요?

만 18세 선거권을 넘어, 변화는 계속되어야 한다

2019년 7월 29일, 청와대 앞에서는 청소년들이 모여 "우리의 목소리에 권리를 부여하라"라며 기자회견을 열고 청와대에 청원을 넣었습니다. 선거권 연령을 더 낮추고 일상 곳곳에서 청소년의 참여권을 확대하도록 법과 제도를 바꾸는 데 대통령이 나서라고 요구한 것입니다. 이날 청와대 청원 행동에 참여한 귀홍은 이렇게 말했습니다. "이제는 제발 같은 시민으로 인정받고 싶습니다. 같은 목소리로, 같은 크기로 인정받고 싶습니다. 아무도 우리의 목소리에 귀 기울여 주지 않는다는 무력감에, 너희의 목소리는 중요하지 않다고 선언하는 큰 목소리에 더 이상 좌절하고 싶지 않습니다."[1]

이런 목소리들이 꾸준히 모인 덕분에 2019년 말, 선거권 연령이 만 18세로 낮아졌습니다. 법이 인정하는 청소년 시민이 역사상 처음으로 등장한 것입니다. 덕분에 청소년은 정치에 관심을 가질 필요도 없고 참여는 더더욱 안 된다는 통념을 깨는 계기도 마련되었습니다.

만 18세 선거권은 청소년이 진짜 시민이 되기 위한 변화의 시작에 불과합니다. 만 18세는 청소년 가운데 일부이고, 선거권만으로 청소년이 시민으로서 제대로 대접받게 되는 것도 아니니까요. '청소년 시민'이라는 말이 자연스럽게 받아들여지고 청소년이 존중받는 사회로 성큼 나아가려면 이루어 낼 변화가 많이 남아 있습니다.

((어쩌면 청소년을 두려워하는지도 몰라))

앞서 우리는 청소년을 시민의 자리에서 밀어 내는 다양한 장면을 읽어 내고 그것이 차별이라 말했습니다. 청소년 시민의 참여를 환대하는 공간이 점차 늘어나고 있지만, 여전히 청소년이 안전하게 함께하며 시민으로 대접받을 수 있는 공간은 드문 편입니다. 청소년을 아랫사람인 양 취급하고, 미성숙의 자리를 강요하고, 청소년이 자기 생각이나 느낌을 의심하도록 만드는 '제도에 의한 그루밍'도 곳곳에 존재합니다. 두발 규제부터 속옷 색깔통제까지, 학교 밖에서 또는 비청소년들에게는 차마 할 수 없다고 여겨지는 행동들이 학교 안에서 청소년을 상대로는 버젓이 일어나기도 하고요.

'민주시민교육을 강조하면서 학교에는 왜 민주주의가 지켜지지 않는 걸까? 너무 가식적이야.' '시민은 무슨? 인간 대접도 못 받는데······.' 이렇게 실망하고 좌절하고 체념하는 순간도 많을 겁니다.

그런데 이런 차별과 배제가 이루어지는 이유들을 곱씹다 보면 정반대의 진실을 발견하게 됩니다. "왜 말도 못 꺼내게 입을 막지?" 이 사회는 청소년이 질문할까 봐 두려워하는구나. "그건 차별 아닌가?" 이 사회는 청소년이 반박할까 봐 두려워하는구나. "우리에게도 기회와 자원을 달라!" 이 사회는 청소년이 건의가 아니라 요구를 하게 될까 봐 두려워하는구나. 바꾸어 말하면 이 사회는 청소년이 가진 힘을 두려워하는구나. 청소년이 정말 시민이 될까 봐 두려워하는구나.

최규석 작가의 웹툰 〈송곳〉에는 이런 대사가 나옵니다. "인간에 대한 존중은 두려움에서 나옵니다. 살아 있는 인간은 빼앗으면 화를 내고 맞으면 맞서 싸웁니다." 인간에 대한 존중이 두려움에서 나온다니, 의아해하는 분들이 있을지 모르겠네요. 신앙이 있는 사람들은 신을 사랑하면서 동시에 두려워하기도 합니다. 그래서 신을 모욕하는 일을 극도로 경계하죠. 인간에 대한 존중도 마찬가지입니다. 한 사람 한 사람에게 함부로 해석하거나 파괴하면 안 되는 무한하고 깊은 세계가 있다는 마음, 그래서 나이나 기타 등등의 이유를 따지지 않고 예의를 갖추어 대해야 한다는 마음이 존중을 낳습니다.

이쁨을 받으려면 상대가 원하는 대로 행동해야 하지만, 존중을 받으려면 상대가 함부로 대할 수 없는 존재가 되어야 합니다. 청소년을 존중할 수밖에 없도록 하는 법과 제도도 만들어져야 하지만, 청소년 스스로 자신이 시민임을 자각하는 일도 중요합니다. "당신들이 두려워하는 우리가 더 목소리를 내고 진짜 시민이 되어 우리를 더 두려워하도록 만들어 줄게"라고 말이지요.

경기도의 한 학교에서는 학생들이 학교운영위원회 참관을 요구했다가 학교로부터 거절당한 일이 있었습니다. 당시 학교운영위원회에서는 학교생활 규정과 상벌점제 개정안이 논의될 예정이었습니다. 이때 학교장은 거절의 이유를 이렇게 말했다고 해요. "학생들이 들어와 참관하면 다른 운영위원들이 위축될 수 있다." 참여를 가로막으려는 핑계를 댄 것이겠지만, 다른 한편으로는 정말 다른 운영위원들이 위축될까 봐 걱정했을지도 모릅니다. 청소년의 '참관'만으로도 위축이 된다면, 청소년의 '권한 있는 참여'는 얼마나 더 큰 힘을 발휘하게 될까요?

청소년의 목소리에 권리를 부여하라

청소년을 더 두려워하는 사회, 청소년 시민이 당당해지는 사회가 되려면 청소년에게 더 많은 기회와 자원이 보장되어야 합니다. "청소년들은 결국 약자이기 때문에 목소리를 내는 거, 아니면 소리를 치는 것밖에 할 수 없는데 그냥 귀 막아 버리면 그만이잖아요. 아니면 시간 좀 흘려보내면 끝이고. 실질적으로 영향력을 행사할 수 있는 범위가 늘어나야 해요."[2]

청소년기후행동에서 활동하는 김서경을 비롯해 많은 청소년이 실질적 권한이 확대되어야 한다고 위와 같이 입을 모읍니다. 학생자치나 청소년의 정치참여, 사회참여에 대한 관심이 조금씩 확대되면서 테이블의 일원으로 청소년을 받아들이는 공간이 늘어났지만, 들러리에 그치는 경우가 여전히 많습니다. 공들여 준비한 제안이 받아들여지기는커녕 응답도 오지 않는 구조에서 참여의 의미를 발견하기란 쉽지 않습니다.

일상의 다양한 공간에서 청소년이 중요한 문제를 다루는 테이블에 초대받고, 자기 의견을 관철하고, 그 결과 원하는 변화를 성취해 보는 경험이 쌓인다면, 지역사회나 제도정치권에서 원하는 법이나 정책, 예산을 요구하고 합의를 이끌어 내는 정치적 역량도 증가할 수 있습니다. '교육정책을 짤 때 왜 청소년은 빼 둔 채 교사나 학부모의 의견만 고려하지? 청소년 정책은 모든 청소년을 위한 것이어야 할 텐데, 거기에 왜 나는 포함되어 있지 않지? 청소년의 삶을 위한 예산은 왜 이리 적게 배정되어 있지?' 청소년들에게 이렇게 질문하고 변화를 요구할 권한이 있다면, '젊은 세대의 정치 무관심으로 민주주의가 위협당하고 있다'와 같은 걱정은 애초 할 필요도 없을 겁니다.

특히 청소년 관련 정책이 대체로 학교교육이나 가족 지원에 맞춰져 있다 보니 탈가정 청소년이나 탈학교 청소년들은 정책의 사각지대에 놓이게 됩니다. 탈가정, 탈학교 청소년들이 나에게 필요한 정책을 요구하고 변화를 경험할 기회가 더 잦아져야 합니다. 그때 청소년들은 정치란 결국 자원을 어디에, 누구를 위해 쓸지 결정하는 문제임을 알게 되겠지요. 정치가 아주 특별한 누군가만 하는 것이 아니라는 감각도 자연스럽게 생겨날 것입니다.

청소년의 정치참여를 지지하는 사회 분위기를 만들려면 청소년의 목소리에 귀 기울이고 그 이야기를 공부하고 반영하려는 비청소년들의 노력과 협력이 필수적입니다. 한마디로 청소년에게는 '동료 시민'으로서 곁에 서 줄 더 많은 비청소년이 필요합니다. 편잔과 금지 대신 환영과 지지를 보내는 사람이 늘어나야 합니다. 거의 매일 만나는 교사나 가족이 그런 역할을 한다면 더할 나위가 없겠죠.

물론 지금까지 시민으로 인정받지 못했던 청소년이 '말하고 요구하는 시민'으로 등장할 때 불편해하거나 삐딱한 시선으로 바라보는 사람들도 분명 있을 것입니다. 그런데 그저 시간이 지난다고 사람들의 생각이 달라지지는 않습니다. 인식의 변화를 재촉하려면 법과 제도의 변화가 동반되어야 합니다. 사회 구성원이 공유하는 생각이 변하면서 법과 제도가 달라지거나 새롭게 생겨나기도 하지만, 법과 제도가 변함으로써 사람들의 생각이 더 빠르게, 더 폭넓게 달라지기도 하니까요. '가정폭력방지 및 피해자보호 등에 관한 법률'이 생겨나면서 가족구성원을 향한 폭력이 그저 '집안싸움'에 그치지 않는다는 생각이 더 넓은 사회적 공감대를 형성하게 된 것처럼 말이죠.

청소년의 시민 되기를 가로막고 제약하는 법과 제도를 바꾸는 일이 중요합니다. 청소년의 정치참여를 제약하는 법이 존재하기 때문에 청소년이 정치하면 안 된다거나 청소년을 예비 시민 정도로만 바라보는 인식이나 관행도 유지되고 있으니까요.

청소년의 시민 되기를 '불법'으로 만들지 않는 사회를 위한 첫 번째 과제는 선거권 연령이 현행 만 18세보다도 더 낮아지는 것입니다. 선거권 연령을 낮추기 위해 활동해 온 청소년 단체들은 "청소년이 투표하면 세상이 바뀐다"라고 외쳐 왔습니다. 선거권이 생긴다고 해서 청소년의 삶에 당장 마법 같은 변화가 찾아오지는 않겠죠. 하지만 더 많은 청소년이 법적 시민으로 인정받는다면 청소년의 의견에 더 귀 기울이게 될 테고, 청소년의 삶이 정치 의제가 될 가능성도 더 커질 것입니다.

울산에서 고등학생 신분으로 학생인권조례를 만들기 위해 시의원들을 찾아다녔던 이은선은 '표가 안 된다'라는 이유로 무시당한 일을 잊지 못합니다. 선거권 연령이 더 낮아지면 항상 푸대접을 받거나 아랫사람 취급을 받던 청소년들도 지금과는 다른 사회적 지위를 얻게 될 겁니다. 자신을 대표할 사람을 뽑을 수 없는 상황에 놓여 있다는 것 자체가 사실 청소년에게는 모욕 아닐까요?

2021년 6월, 강민정·장경태 의원 등이 교육감 선거권을 만 16세로 낮추는 법안을 발의했습니다. 반가운 소식이지만, 교육감 선거에만 한정한 것은 아쉽습니다. 청소년의 삶에 영향을 미치는 문제가 교육 문제만도 아니고, 모든 청소년이 학교에 다니지는 않으며, 중요한 교육정책들도 주로 정부나 국회가 만드는 법률에 영향을 받으니까요. 청소년이 교육감은 물론 시장, 도지사, 국회의원, 대통령도 뽑을 수 있도록 선거권은 더 확대되어야 합니다. 선거권은 우리에게 필요한 인권을 요구하고 정책으로 이끌어 내는 최소한의 장치이니까요. 선거권이 확대되면 교사나 보호자도 청소년을 '애 취급' 하던 관행에서 벗어나 '현재의 시민'으로 받아들이는 변화가 만들어질 테고요.

청소년의 시민 되기를 위한 두 번째 과제는 청소년이 지지 또는 반대하는 후보나 정당에 대해 자유롭게 말하고 참여할 수 있도록 하는 것입니다. 선거를 앞두고 누가 나를 대표할 사람이나 정당인지 말할 수 없다면, 내가 지지 또는 반대의 이유를 말하면서 다른 사람의 판단에 영향을 끼칠 수 없다면 청소년을 위한 정치도 가능하지 않을 테니까요.

'청소년에게 관심이 전혀 없는 후보가 당선되는 건 안 되지 않나?', '그 정당의 공약은 청소년에게 오히려 불리한 상황을 만드는 거야.' 이런 의사 표현마저 할 수 없고, 이를 어겼다는 이유로 처벌을 받는다면 청소년의 정치참여 자체가 불법이 될 수밖에 없습니다. 정당이 만들어 가는 정책에 효과적으로 영향을 미치는 방법 가운데 하나도 당원이 되어 정당의 정책이 어떠해야 하는지 의견을 제시하는 일입니다. 정치 선진국들이 대개 선거운동이나 정당 가입 가능 연령을 따로 규정하지 않는 이유이기도 합니다.

세 번째로는 청소년이 직접 법을 만들거나 바꿀 기회와 역량을 늘려 주어야 합니다. 청소년에게 불편하거나 억압적인 현실을 바꾸기 위해 어떤 법률이나 조례가 필요한지를 가장 잘 알 수 있는 사람은 바로 청소년입니다. 그래서 학생인권조례나 청소년 노동조례, 탈학교청소년지원조례처럼 필요한 조례를 제안할 수 있는 주민발안 제도에 청소년이 참여할 길이 열려야 합니다. 폭력을 피해 나온 탈가정 청소년을 오히려 예비 범죄자인 양 취급하는 소년법이나 청소년의 학교운영 참여를 가로막는 초·중등 교육법과 같은 현행 법률의 개정을 요구하는 절차에 청소년이 그 누구의 허락 없이도 참여할 수 있어야 합니다.

네 번째로 선거나 제도정치뿐 아니라 학교, 교육청, 지역사회, 지방정부나 중앙정부 곳곳에서 청소년이 참여하는 자리가 확대되어야 합니다. 정부에서 공식적으로 운영하는 청소년 참여기구가 없지 않지만, 청소년 대다수는 이 기구들의 존재조차 모릅니다. 지방자치가 확대되면서 설치되고 있는 주민자치회에 연령 제한을 두어 청소년을 배제하는 일도 있고요. 학교에서는 학생들이 학교운영위원회에조차 의결권을 갖고 참여할 수 없는 상황입니다. 더구나 각종 규제에 묶여 있어 학생이 시민으로서 당당하게 자기 의견을 표현하기가 쉽지 않으므로 학생인권을 보장하는 법의 제정이 시급한 상황입니다. 청소년은 장식품이 아니라 시민이어야 하니까요.

마지막으로, 청소년 정치인이 있는 나라를 상상해 본 적 있나요? 청소년 국회의원이 있는 나라라면 청소년의 목소리에 더 비중을 부여하는 나라라는 뜻 아닐까요? 선거권 연령은 시대의 변화와 더불어 여러 차례 하향되었지만, 대표자가 될 수 있는 피선거권 연령은 1948년 3월 17일 미 군정이 제정한 '국회의원선거법'에서 만 25세로 정한 이래 최근까지 단 한 차례도 변화가 없었습니다. 세계적으로 선거권과 피선거권 연령을 다르게 규정한 경우는 드뭅니다. 청소년이나 청년들이 정치적 대표자가 되기엔 미숙하다는 편견이 우리 사회에 얼마나 뿌리 깊게 자리 잡고 있는지 알 수 있죠.

다행히도 2021년 12월의 마지막 날, 피선거권 연령을 선거권 연령과 같은 만 18세로 하향하는 공직선거법이 국회를 통과했어요. 그러나 청소년 중 극히 일부만이 만 18세에 해당합니다. 대다수는 이미 고등학교를 졸업한 나이여서 자기를 청소년보다는 청년이나 대학생으로 인식하는 사람들이죠. 그러니 청소년을 위한 정치가 대폭 확대되리라 기대하기는 어렵습니다. 청소년이 시민으로서 참정권을 제대로 행사하려면 대표자를 뽑을 권리나 정치에 대해 의견을 표명할 권리를 넘어 '스스로 대표할 권리'가 보장되어야 합니다. 청소년을 위한 정치를 만들려면 청소년에 의한 정치도 더 확대되어야 하니까요. 선거권과 마찬가지로 피선거권 연령도 더 낮아져야 하는 이유입니다.

((지금, 시민이 될 시간))

'청소년은 어떻게 시민이 되는가'라는 질문은 곧 '사회는 청소년 시민을 맞이할 준비가 되어 있는가'라는 질문이기도 합니다. 매일 마주하는 식탁이나 급식에 어떤 음식이 오르느냐도 실은 정치와 무관하지 않습니다. 정치의 의미가 더 확장되어야 하는 것처럼, 정치에 참여할 권리를 뜻하는 참정권의 내용과 범위도 더 확장되어야 합니다. 투표일이 임시공휴일로 지정되어도 직장에서 휴일을 인정하지 않아 투표장에 가기 힘든 사람들은 법적 참정권이 있으나 그 권리를 행사하기 힘듭니다. 마찬가지로, 후보나 정당의 공약을 안내한 선거공보물이나 투표용지가 내가 이해하기 어려운 언어로만 채워져 있다면 참정권을 제대로 행사하기 힘듭니다.

선거나 정치, 학교의 다양한 의사결정에 관심을 둘 시간도, 자리도 보장되어 있지 않을 때 청소년의 정치참여는 불가능합니다. 가진 건 의지뿐이고 줄일 수 있는 건 잠자는 시간뿐인 조건에서는 '청소년이 시민이 될 시간'을 꿈꾸기 어렵습니다. 청소년이 공부나 노동을 하면서도 시민임을 잊지 않아도 되는 사회를 만들려면, 청소년이 시민으로서 보다 적극적으로 사회에 참여할 시간을 보장받으려면 청소년의 권리도 확대 보장되어야 합니다. 교육정책이나 청소년 정책도 달라져야 하고, 청소년의 참여를 지원하는 예산도 늘어나야 합니다.

이 모든 변화가 가능해지려면, 힘들겠지만 청소년들이 더 목소리를 내는 수밖에 없습니다. 더 많은 권리를 상상하고 요구할 수밖에 없습니다. 청소년 시민을 맞이할 준비가 되어 있지 않은 사회를 청소년이 더 꾸짖을 수밖에 없습니다. 변화는 언제나 변화에 목마른 사람들이 만들어 왔으니까요. 물론 청소년 곁에서 청소년 시민을 옹호하는 사람들도 더 늘어나야 하고 함께 노력해야 합니다. 누가 뭐라고 하든 청소년은 '이미' 시민이며, 청소년 시민을 응원하고 손을 맞잡는 사람들 속에서 청소년은 '다시' 시민이 됩니다.

박지연 '인권교육센터 들' 상임활동가

3부 1~3장을 썼습니다. 집필에 함께하며 혼나는 게 무서워서 평범해지고 싶었던 학창 시절을 새롭게 해석할 수 있었습니다. 저와 같은 마음일 청소년들이 두려움 없이 시민으로 존재할 수 있는 학교가 되기를 바랍니다.

배경내 '인권교육센터 들' 상임활동가

여는 글, 1부 3~4장, 닫는 글을 썼습니다. 인권의 'ㅇ'자도 몰랐던 어린 시절이 너무 억울해서 청소년 인권과 인권 교육에 관심을 가지기 시작했어요. '청소년 시민'을 마중하는 이 책을 통해 청소년과 함께, 청소년의 목소리가 더 커지는 사회로 성큼 나아가기를 소망합니다.

이묘랑 '인권교육센터 들' 상임활동가

1부 인터뷰를 정리하고 2부 3~4장을 썼습니다. 인권 교육이 무뎌진 인권의 감각을 일깨우고 무성하게 하는 밑거름이 되길 바라며 인권교육 활동을 하고 있어요. 말할 권리를 빼앗긴 우리 사회 소수자의 일상이 '들리는 삶, 드러나는 삶'이 되기를 기대합니다.

이은선 '청소년인권운동연대 지음' 활동가

1부 1~2장을 쓰고 3부 인터뷰를 정리했습니다. 고등학교에서 학칙을 바꾸는 활동과 울산학생인권조례 제정 활동을 하다가 2017년 청소년 인권운동을 만났습니다. 청소년이 학교나 사회에서 그저 버티기만 하는 삶을 사는 것이 아니라 부당한 순간에 목소리를 내고 실질적 변화를 일으킬 수 있도록 활동을 지속하고 있습니다.

최유경 '청소년 페미니스트 네트워크 위티' 활동가

2부 1~2장을 쓰고 2부 인터뷰를 정리했습니다. 청소년 페미니즘 운동을 합니다. 스쿨 미투 이후 청소년 페미니스트들의 말하기를 잇는 청소년 페미니스트 네트워크 '위티'를 함께 만들었습니다. 여성 청소년의 삶에서 시작하는 정치를 고민하며 이 책을 함께 썼습니다.

✿ **촛불청소년인권법제정연대**

선거권 연령 하향을 비롯해 청소년 참정권이 보장되는 사회, 학생인권이 보장되는 학교, 청소년과 비청소년이 동등하게 대접받는 사회를 만들기 위해 활동하는 전국 연대체입니다. 집필진 모두가 이 활동에 함께하면서 길러 낸 생각의 씨앗이 이 책을 기획하는 밑거름이 되었습니다.

1. 청소년 시민, 다른 삶을 상상하다

1 〈유일한 청소년 국감 참고인이 묻다…"정치는 기후위기에 제 역할을 하고 있나요?"〉, 《이투데이》, 2021. 10. 7

2 〈"어떻게 감히" 외친 툰베리… 반말 듣는 존재로 '번역'되다〉, 《한겨레》, 2021. 05. 25

3 〈'미친 소 못먹어', 청계광장 물들인 촛불 2만여 명 운집… 곳곳서 즉석 '자유발언'〉, 《오마이뉴스》, 2008. 5. 2; 〈여중고생들의 발랄한 경고 "미친소 가라" 청소년도 광우병 걱정, 어른들 뭐 하세요?〉, 《오마이뉴스》, 2008. 5. 3.

4 〈고등학생 '안단테'가 '탄핵 서명' 제안한 이유〉, 《오마이뉴스》, 2008. 5. 4

5 〈'이명박 대통령 탄핵' 서명 100만 넘어〉, 《한겨레》, 2008. 5. 4

6 〈이화여고 대자보 쓴 나수빈 학생 "가만히 있을 수 없었다"〉, 《중앙일보》, 2016. 11. 4

7 〈18세 선거권 시대, 청소년은 어떻게 시민이 되는가〉 연구 보고서, 인권교육센터 들, 2021, 70~71쪽

8 아름다운재단 홈페이지〈https://beautifulfund.org/49561/〉

9 〈"우리는 여기서 학교를 바꾼다"…거리로 나온 스쿨 미투 첫 도심 집회〉, 《경향신문》, 2018. 11. 3

10 〈"실질적 기후위기 대책 만들라"… 청소년들 오늘 3번째 결석시위〉, 《한겨레》, 2019. 9. 27

11 청소년활동기상청 활기, 《나를 지키는 법, 내가 고치는 법》, 교육공동체벗, 2021, 5쪽.

12 촛불청소년인권법제정연대 주최로 열린 〈2020년 총선, 18세가 간다: 만 18세 선거권 연령 하향 패스트트랙 본회의 통과 촉구 기자회견〉 발언록. 2019. 11. 18. 기자회견 영상은 촛불청소년인권법제정연대 페이스북 페이지 〈www.facebook.com/youthact2018/videos/2630973393666139/〉에서 다시 볼 수 있다.

13 ⟨16·18·19세 청소년 헌법소원… "선거 참여 연령제한 낮춰야"⟩, 《연합뉴스》, 2017. 12. 14

14 그린피스 홈페이지, ⟨그린피스 "청소년기후행동의 헌법소원을 적극 지지한다"⟩, 2020. 3. 13

2. 이미 정치적인 존재, 청소년

1 ⟨'18세 선거권' 얻었지만 '16세 선거운동'은 안 된다?⟩, 《시사주간》, 2020. 9. 3

2 행정안전부 주민등록 인구 통계(2020. 1. 27.기준)

3 통계청 2020년 인구총조사

4 중앙선거관리위원회 공식블로그 '정정당당스토리'⟨https://blog.naver.com/PostView.naver?blogId=nec1963&logNo=221887195673&categoryNo=127&parentCategoryNo=0⟩

5 중앙선거관리위원회 공식 유튜브 새내기 유권자 선거 교육 영상 '만 18세 대한민국 유권자가 되다!'⟨https://youtu.be/5VMZHjuBlPw⟩

6 2019 선거제도 개혁을 위한 여의도 불꽃집회

7 이길보라, ⟨더 크게, 더 넓게 목소리를 내자… 잃어버린 '몸'을 찾기 위해⟩, 《경향신문》, 2021. 8. 3

8 ⟨(뉴스래빗 팩트체크) 21대 300명 스펙 분석해보니… '역시나'⟩, 《한국경제》, 2020. 5. 29

9 ⟨'유시민 백바지 사태' 17년 지났지만… 여전한 옷차림 지적⟩, 《아주경제》, 2020. 8. 7

10 ⟨류호정 "난 '샌드백' 정치인… 언제든 두들겨 맞을 준비돼 있다"⟩, 《조선일보》, 2021. 8. 14

11 ⟨왜 교육부 장관은 '학생들 의견 수렴' 안 했는가?⟩, 《중앙뉴스》, 2020. 5. 5

12 ⟨장혜영·양말 "사회적 약자 보호? '권리보장'이 옳은 길"⟩, 《오마이뉴스》, 2020. 4. 8

13 ⟨안녕, 국회⟩ 프로젝트는 청소년페미니스트네트워크 'WeTee위티' 유튜브 채널 ⟨https://www.youtube.com/watch?v=_T9a75AvTDM⟩에서, ⟨투표하자, 18⟩ 프로젝트는 페이스북 페이지 '투표하자, 십팔'⟨https://www.facebook.com/%ED%88%AC%ED%91%9C%ED%95%98%EC%9E%90-%EC%8B%AD%ED%8C%94-114066990240404⟩에서 다시 볼 수 있다.

14 ⟨청소년 정당 가입 길 터야 '한국의 마크롱' 나온다⟩, 《한겨레》, 2018. 1. 3

15 18세 선거권 1주년 기념 온라인 국회 토론회 ⟨청소년의 정치를 말하라: 청소년 시민의 참정권 현황과 후속 과제⟩, 촛불청소년인권법제정연대, 2021. 1. 20

16 〈현행법상 '정당 가입' 불법인 10대들, 당사 찾아 가입서 냈더니〉,《한국일보》, 2018. 1. 11

17 앞의 보고서, 31쪽.

18 세바시, '감옥 같은 학교건물을 당장 바꿔야 하는 이유'〈https://www.youtube.com/watch?v=QxGzwJd_Eno〉, 2018. 12. 3

19 국회의원 김현아, 보도자료 〈주차시설에도 못 미치는 학교시설 공사비〉, 2018. 10. 29

20 〈여수 현장실습생 사망 요트업체 대표 구속기소… 8일 첫 재판〉,《한겨레》, 2021. 12. 7

21 〈근로복지공단, 산재 사망 현장실습생 '0건' 통계 구멍〉,《경향신문》, 2021. 10. 26

22 〈"실습생, 업체 부당 업무지시 거부 힘들어"〉,《세계일보》, 2021. 11. 30

23 〈"안전한 통학로 조성 위해 학생들이 나섰다"〉,《경기일보》, 2018. 12. 18

24 국회입법조사처. 학교 밖 청소년 지원사업 현황과 개선과제. 정책분석모델개발 보고서 2020-1. 2020

25 〈"1차 재난지원금 세대주 일괄 지급… 여성 접근권 제한돼"〉,《여성신문》, 2021. 6. 3

26 사단법인 들꽃청소년세상 홈페이지〈http://wahaha.or.kr/archives/10786〉에서 발언 전문을 확인할 수 있다.

27 〈고교생이 인권좆 개선권고 이끌어 냈다〉,《충청투데이》, 2003. 10. 10

28 청소년노동인권네트워크·청소년인권활동가네트워크,〈88만 원 세대조차 될 수 없는 노동자, 청소년-아르바이트 청소년의 임금과 노동인권 실태 보고〉자료집, 2008. 6. 4. 자료집은 인권교육센터 '들' 홈페이지〈http://www.hrecenter-dl.org/681/〉에서 내려받을 수 있다.

3. 시민의 학교에서 청소년은 '다시' 시민이 된다

1 〈영남고, 두발 제한 규정 연내 개정〉,《뉴스민》, 2021. 10. 28

2 〈선생님이 불러 세웠다… "목선 보여 야해" "검정 속옷 안 돼"〉,《머니투데이》, 2021. 4. 22

3 〈노동자 두발자유 외침 잊으셨나요?〉,《금속노동자》, 2011. 1. 21

4 마르잔 사트라피,《페르세폴리스》, 휴머니스트, 2019, 311쪽

5 〈'스쿨 미투' 발생한 학교 학칙 보니… 속옷·양말 색까지 규제〉,《한국경제》, 2018. 7. 29

6 〈'교복 치마 들춘 검사' 논란… 강원교육청 학교 규정 전수조사〉,《연합뉴스》, 2021. 7. 20

7 〈'의자 위 교복 검사' 여고 교장, 학생들에게 공개 사과〉,《오마이뉴스》, 2021. 7. 19

8 〈"어린 게 왜 정치 하냐고요?" 국정교과서 반대 나선 청소년들〉,《중앙일보》, 2016.

10. 29

9   〈'학생님'이란 호칭은 왜 어색할까〉,《프레시안》, 2021. 1. 1

10   〈학생-교사 서로 반말해요… 교사의 제안이 불러온 변화〉,《오마이뉴스》, 2019. 12. 13

11   위의 기사.

12   〈스쿨 미투 이후, 교실에서 우리가 듣는 말들〉,《여성신문》, 2020. 4. 2

13   〈코로나19와 입시 중 누가 더 힘이 셀까?〉,《오늘의 교육 56호》, 2020년 5-6월호, 35-47쪽

닫는 글

1   촛불청소년인권법제정연대 페이스북 페이지 라이브 중계〈https://www.facebook.com/youthact2018/videos/497617437638592〉

2   앞의 보고서, 99쪽.

'몸'과 '권리'를 가진 사람,
우리는 청소년 시민입니다

1판 1쇄 발행일 2022년 2월 28일
1판 2쇄 발행일 2022년 7월 25일

지은이 박지연 배경내 이묘랑 이은선 최유경

발행인 김학원
발행처 (주)휴머니스트출판그룹
출판등록 제313-2007-000007호(2007년 1월 5일)
주소 (03991) 서울시 마포구 동교로23길 76(연남동)
전화 02-335-4422 **팩스** 02-334-3427
저자·독자 서비스 humanist@humanistbooks.com
홈페이지 www.humanistbooks.com
유튜브 youtube.com/user/humanistma **포스트** post.naver.com/hmcv
페이스북 facebook.com/hmcv2001 **인스타그램** @humanist_insta

편집주간 황서현 **편집** 김나윤 남미은 **디자인** 유주현 **일러스트** 안난초
조판 이희수 com. **용지** 화인페이퍼 **인쇄·제본** 정민문화사

ⓒ 박지연 배경내 이묘랑 이은선 최유경, 2022

ISBN 979-11-6080-810-0 43300